COMPAGNIES AÉRIENNES
LA FAILLITE DU MODÈLE

JEAN-LOUIS BAROUX

COMPAGNIES AÉRIENNES

LA FAILLITE DU MODÈLE

l'Archipel

Un livre proposé par Roland Escoig.

www.editionsarchipel.com

Si vous souhaitez recevoir notre catalogue et être tenu au courant de nos publications, envoyez vos nom et adresse, en citant ce livre, aux Éditions de l'Archipel, 34, rue des Bourdonnais 75001 Paris. Et, pour le Canada, à Édipresse Inc., 945, avenue Beaumont, Montréal, Québec, H3N 1W3.

ISBN 978-2-8098-0392-1

L'hôtesse aux passagers : « Il n'y a aucune raison de s'alarmer. Gardez votre calme. Nous vous souhaitons une bonne fin de vol. Si quelqu'un à bord sait piloter un avion, merci de me contacter de toute urgence. »

Extrait du film
Y a-t-il un pilote dans l'avion ?

Sommaire

Introduction

En écrivant ce livre, je sais d'avance que nombre des amitiés et des connaissances que j'entretiens dans le transport aérien vont se détourner de moi. Pourquoi dévoiler les petits secrets de ce milieu, au fond, très fermé? Pourquoi dénoncer des pratiques inefficaces et qui rendent si difficile le simple fait de prendre un avion? Et puis tout cela ne s'appelle-t-il pas « cracher dans la soupe » puisque, après tout, je vis moi aussi dans et par ce secteur d'activité?

Si je prends ce risque, c'est parce que la pensée unique a envahi ce métier. Depuis 1977, le transport aérien n'est plus aux mains des exploitants, mais dans celles des gestionnaires. Tout a commencé lorsque Freddie Laker a lancé, cette année-là, le Skytrain. C'était le premier essai de ce que l'on a appelé par la suite le transport « low cost ». Le principe était simple: pas de prestations et pas de réservation. En foi de quoi le prix de vente était divisé par deux ou trois. Freddie Laker a eu l'audace d'attaquer British Airways dans sa base principale: Londres Heathrow, et sur l'axe majeur qu'était le transatlantique. Au lieu de souhaiter la bienvenue à un nouveau concept, les grands transporteurs ont pris peur et ont décidé de tuer cette initiative. Pan Am et British Airways ont donc proposé les mêmes prix, mais avec une réservation. Cela changeait tout. Le Skytrain n'y a pas résisté et l'expérience de Freddie Laker s'est arrêtée en 1982. Mais les grands transporteurs avaient mis le doigt où il ne fallait pas: la baisse des tarifs non compensée par la baisse des coûts. Et nombre d'entre eux y ont laissé leur peau, à commencer par Pan Am.

Depuis, le système s'est enfoncé. Pour vendre moins cher, il a fallu réduire les prestations, densifier les avions et créer des grilles tarifaires incompréhensibles afin de maintenir la recette élevée des clients affaires auxquels on n'avait rien de mieux à proposer que les « frequent flyer programs », autrement dit le droit de gagner des billets gratuits et des avantages dans les hôtels et locations de voitures aux frais de leurs employeurs.

Dans le même temps, les compagnies aériennes ont continué à vivre sur un grand pied. Les salaires sont élevés et les organisations internes trop importantes et inefficaces. C'est le moment où sont arrivés sur le marché, d'abord aux États-Unis, puis en Europe, les transporteurs « low cost ». Ceux-ci n'offrent pas de prestations, mais leurs prix sont bas et ils sont rentables, car leurs coûts de gestion sont réduits au minimum. Pas de secrétaires, pas d'assistants, pas de chauffeurs, mais une capacité de réaction infiniment supérieure à celle de leurs collègues traditionnels.

Les grands transporteurs ont accueilli ces nouveaux entrants avec un infini mépris. Ne pouvant pas les imiter, ils ont imaginé leur disparition et se sont acharnés à les empêcher d'exercer leur exploitation en contrôlant l'accès aux aéroports. Cela n'a pas suffi pour arrêter le mouvement. Et ce qui devait arriver est arrivé : les transporteurs « low cost » ont dicté leur loi tarifaire aux compagnies traditionnelles.

Alors s'est engagée une course aux économies de coûts, non pas à l'intérieur des compagnies – car il n'est toujours pas question de toucher aux salaires ni aux privilèges –, mais auprès des fournisseurs de services et sur la qualité des prestations, lesquelles se rapprochent de celles des transporteurs « low cost ». Ce faisant, les clients, ne voyant plus de différence de produit, n'acceptent plus de payer deux ou trois fois le prix réclamé, lequel est nécessaire pour faire vivre les compagnies traditionnelles.

C'est ainsi que le transport aérien est entré dans une incroyable « course à l'échalote ». Tous les ans, l'IATA, l'association internationale des grands transporteurs, annonce des milliards de dollars d'économies – réalisées pour l'essentiel sur le consommateur, auprès duquel on a transféré nombre de fonctions jusqu'alors traitées par le personnel des compagnies – et... des milliards de dollars de pertes. Quelque chose ne va pas dans le modèle. Il est urgent de le casser.

Je souhaite expliquer dans ce livre les dessous du transport aérien, les pratiques parfois étranges des grandes compagnies et pourquoi elles les ont créées. Je n'ai pas la prétention de tout connaître, aussi ne me hasarderai-je pas sur les aspects opérationnels, qui ne me sont pas familiers. Bien entendu, pour des raisons de proximité, beaucoup d'exemples sont pris en France, qui est après tout un grand pays pour le transport aérien. Mais, les mêmes causes produisant les mêmes effets, un auteur anglais aurait autant à dire en se fondant sur l'expérience britannique, un Américain trouverait largement lui aussi assez d'exemples aux États-Unis, et que dire des Italiens ou des Japonais ?

Je n'ai finalement qu'une seule ambition, c'est que ce secteur d'activité magique retrouve ses fondamentaux. Je suis toujours émerveillé de voler à 10 000 mètres d'altitude à bord d'un avion filant à 900 km/h et dans lequel je peux déguster un verre de champagne… ou tout simplement un café, bon de préférence. Les responsables du transport aérien ont tué le plaisir de voler, et cela pas même pour gagner de l'argent. Ils ont appris aux consommateurs que leur produit ne valait plus rien, puisque personne ne paie le même tarif à bord. Autrement dit, ils ont détruit la valeur de leur produit. Et ils s'étonnent que les clients ne veuillent plus payer des tarifs qui leur permettraient de vivre ? Accuser l'environnement, les cours du pétrole, les éruptions volcaniques, que sais-je, ne suffit pas à expliquer la déroute. Ils sont responsables de ce qui arrive. C'est ce que je souhaite démontrer.

Si ce livre peut contribuer à ce que le lecteur retrouve le plaisir de prendre l'avion, il n'aura pas été inutile.

Comment vendre de la peinture à la manière du transport aérien

Le Client :

— Bonjour, quel est le prix de votre peinture ?

Le Vendeur :

— Eh bien, monsieur, cela dépend d'un grand nombre de choses.

— Pouvez-vous me donner une idée ? Quel est le prix moyen ?

— Notre prix le plus bas est de 2 € le litre et nous avons soixante prix différents, jusqu'à 40 € le litre.

— Quelle est la différence entre les qualités de peinture ?

— Oh, il n'y a aucune différence, c'est la même peinture.

— Bon, dans ce cas je vais en prendre à 2 €.

— Quand avez-vous l'intention d'utiliser cette peinture ?

— J'ai l'intention de peindre demain, c'est mon jour de repos.

— Monsieur, la peinture pour demain est à 40 €.

— Ah bon ! Alors quand est-ce que je dois peindre pour avoir droit aux 2 € ?

— Vous devrez commencer très tard, en fin de journée dans à peu près trois semaines. Mais vous devez accepter de commencer à peindre avant le vendredi et de continuer à peindre au moins jusqu'au dimanche.

— Vous vous fichez vraiment de moi !

— Je vais vérifier si nous avons de la peinture disponible.

— Mais vous avez plein de bidons dans vos hangars, je peux les voir d'ici!

— Mais cela ne signifie pas qu'il y ait de la peinture disponible. Nous vendons uniquement un certain nombre de litres pour un week-end donné. Oh, par exemple, le prix du litre vient juste de monter à 3 €. Nous n'avons plus de peinture à 2 €.

— Le prix a augmenté pendant que nous parlions?

— Oui, monsieur. Nous changeons les prix et la réglementation plusieurs centaines de fois par jour et, comme vous n'avez pas encore décidé d'emporter votre peinture, nous avons juste décidé de changer. Je suggère que vous achetiez votre peinture le plus tôt possible. Combien de litres voulez-vous?

— Bon, peut-être vingt litres. Mettons trente, comme cela je suis sûr d'en avoir assez.

— Oh non, monsieur, vous ne pouvez pas faire ça. Si vous achetez de la peinture et que vous ne l'utilisez pas, il y aura des pénalités et on vous confisquera peut-être la peinture que vous avez déjà. Nous pouvons vous vendre assez de peinture pour faire votre cuisine, votre salle de bains, votre entrée et votre chambre, mais si vous arrêtez de peindre avant d'avoir peint la chambre, vous perdrez toute la peinture qu'il vous restera.

— Quelle importance que j'utilise ou non la peinture? Je l'ai déjà payée!

— Nous faisons des projections fondées sur l'idée que toute notre peinture est utilisée, jusqu'à la dernière goutte. Si vous ne l'utilisez pas entièrement, cela nous cause toutes sortes de problèmes.

— C'est complètement dingue! Je suppose que quelque chose de terrible doit arriver si je m'arrête de peindre après samedi soir!

— Oh oui! Chaque litre que vous avez acheté revient automatiquement à 40 €.

— Mais alors que veut dire votre publicité: « Peinture à vendre à partir de 1,80 € le litre »?

— C'est notre promotion. Mais on n'y a droit que par quantité de deux litres. Un bidon de deux litres doit faire la moitié d'une pièce. Le deuxième bidon pour terminer la pièce est à 4 € le litre. Aucun des bidons n'a d'étiquette, quelques-uns sont vides et il n'y a pas de remboursement, même sur les bidons vides.

— Qu'est-ce que c'est que ces salades! J'achèterai ce dont j'ai besoin dans un autre magasin!

— Je ne pense pas, monsieur. Vous pouvez acheter votre peinture pour votre salle de bains, les chambres, la cuisine et la salle à manger chez quelqu'un d'autre, mais vous ne pourrez pas peindre votre hall d'entrée et la cage d'escalier attenants en vous fournissant auprès de quelqu'un d'autre. Et je dois ajouter, monsieur, que si vous peignez dans une seule direction ce sera 60 € le litre.

— Je pensais que votre prix le plus cher était de 40 € le litre!

— Cela, c'est si vous peignez votre pièce jusqu'au point où vous avez commencé. Si vous continuez tout droit, c'est différent.

— Mais si j'achète de la peinture à 40 € pour le hall d'entrée et que je peigne dans une seule direction, vous allez confisquer la peinture restante?

— Non, nous ferons payer un supplément, plus la différence, sur le prochain bidon que vous utiliserez. Mais je pense que vous l'avez déjà pris, monsieur!

— Vous êtes fou!

— Merci d'utiliser la marque World Airlines.

1

La valse des étiquettes

> « Progrès : doctrine qui consiste à compliquer ce qui est simple. »
>
> Pierre Desproges

Le transport aérien est un produit volatil. Sitôt créé, il est détruit. S'il n'est pas consommé, il est irrémédiablement perdu. Ainsi, pendant longtemps, les compagnies aériennes ont contrôlé leur coefficient de remplissage, autrement dit le rapport entre le nombre de passagers et celui des sièges offerts. Par essence, ce coefficient est très variable, car la demande de transport n'est pas fixe, alors que la production l'est. Il n'est pas possible de rétrécir ou d'agrandir les avions pour ajuster la production à la vente. Voilà la grande question.

Pendant l'âge d'or, en gros de 1950 à 1975, le marché était en augmentation permanente sans que pour autant les prix soient bradés. Ils étaient en fait contrôlés par l'IATA, l'association internationale des grands transporteurs. Ces derniers s'entendaient tous les ans sur les tarifs à pratiquer par destination. Il n'y avait à l'époque que le tarif normal et le tarif « première », lequel était 30 % plus élevé que le prix de base. Ainsi, le choix du client se faisait en fonction de la disponibilité et de la qualité du produit puisque les prix pratiqués étaient identiques.

Cela n'empêchait pas les directions des compagnies de lorgner sur les sièges restés vacants et de pratiquer allègrement une politique de « surbooking » active pour compenser l'indélicatesse des passagers qui faisaient des réservations multiples et ne les annulaient pas. Il fallait bien compenser l'un par l'autre sans qu'à l'époque les gestionnaires disposent des outils informatiques sophistiqués qui sont aujourd'hui utilisés. Il était habituellement admis que le coefficient de remplissage optimal était, annuellement, de 65 %. Personne ne se serait osé à prévoir que l'on irait dans le futur bien au-delà de la barre des 70 % estimée infranchissable, sauf à dégrader considérablement le service. Nous sommes aujourd'hui aux alentours de 80 % !

Pour en finir avec le « surbooking »

Les compagnies aériennes vendent très couramment plus de places que n'en comptent les appareils. Dans tout système de réservation interne des compagnies apparaissent pour chaque vol la capacité réelle par classe de service et la capacité autorisée à la vente, laquelle est supérieure au nombre de sièges réel. Cette pratique est appelée le « surbooking ». Pendant des années, son évocation à l'extérieur des compagnies était totalement taboue, jusqu'au jour où Jean-Cyril Spinetta, alors président d'Air France, en a fait publiquement état en la justifiant par le nombre de « no shows », c'est-à-dire de clients qui réservent et ne viennent pas. Cela est tout à fait compréhensible et témoigne d'une saine gestion. Le problème n'est pas dans le « surbooking », mais dans le fait que cela entraîne parfois des débarquements de passagers lorsque les estimations ont été mal faites, ce qui arrive toutefois rarement. Pendant très longtemps, les compagnies européennes, en particulier, ont très mal géré cette difficulté jusqu'au jour où la Commission de Bruxelles a édicté les modalités de traitement du « denied boarding » – terme anglais pour désigner le débarquement de passagers (pourtant munis de billets réservés) – et les compensations attachées. Le non-respect de ces procédures entraîne des amendes dissuasives. Du coup, les compagnies ont pris les dispositions nécessaires.

Il n'en demeure pas moins que le « surbooking » réalisé sur des ventes de billets non revalidables et non remboursables est sérieusement soumis à caution, car cette pratique consiste à vendre deux fois, même partiellement, le même billet.

Les premiers essais de « yield management »

La première véritable tentative de « modulation tarifaire » – avoir différents tarifs pour le même produit – a été lancée en France par Air Inter en 1975. Rappelons qu'à cette époque Air Inter disposait du monopole de la desserte aérienne en France métropolitaine. Il lui était donc, sur le principe, facile d'adapter ses tarifs à ses besoins sans se soucier de la concurrence. Certes, la SNCF était également un acteur majeur, mais les premiers TGV n'étaient pas encore entrés en service. C'est ainsi que la compagnie a créé les vols « Bleus, Blancs, Rouges », chaque couleur correspondant non pas à des tarifs, mais à l'acceptation ou non à bord de passagers à réduction. Sur les vols Rouges n'étaient par exemple admis que les passagers « plein tarif » ou abonnés, alors que les vols Bleus acceptaient tous les passagers quelle que soit la réduction à laquelle ils avaient droit.

Je peux affirmer ici que ce système de tarification a bien failli ne jamais voir le jour car il bouleversait les habitudes. Par exemple, pour créer ces trois classes de vol, il fallait passer la numérotation des vols de trois à quatre chiffres et, à Air Inter, personne ne voulait de ce changement jugé impossible, jusqu'au jour où l'on s'est aperçu que les vols de mise en place à vide étaient identifiés avec quatre chiffres. De plus, et jusqu'au lancement publicitaire, la SNCF, alors actionnaire à 25 % d'Air Inter, a tenté de s'y opposer.

Finalement, le concept a été parfaitement accepté par la clientèle et cette structure tarifaire a perduré jusqu'à l'absorption de la compagnie au sein d'Air France.

Les observateurs, et ils ont été nombreux, ont vu l'intérêt de pousser les passagers à réduction vers les vols moins remplis de façon à garder un maximum de recette pour les vols les plus demandés. Tout cela n'est que du simple bon sens. Le « yield management » est né de ce constat.

Le « yield management »

On pourrait traduire cette expression par « gestion de l'espace disponible ». Revenons un instant au moment de la dérégulation décrétée par le président Carter pour les États-Unis en 1978. Cette liberté de droits de trafic s'est accompagnée de la liberté tarifaire. Plus question de s'entendre sur les tarifs, cette pratique est désormais totalement interdite par les lois antitrust. La concurrence est devenue la règle d'or de l'économie, et du transport aérien en particulier.

Donc terminées les règles tarifaires strictes. Chaque compagnie fait ce qu'elle veut au moment où l'informatique devient progressivement à la portée de tous, y compris des petites sociétés, avant que Bill Gates ne généralise l'utilisation de l'ordinateur individuel.

Fatalement, tous les gestionnaires ont été obnubilés par les millions de sièges vides dont on ne faisait rien. Comment les remplir ? Mais c'est fort simple : baissons les tarifs et naturellement de nouvelles couches de clientèle vont apparaître et ainsi remplir tous nos sièges disponibles ! Au fond, ce concept est simple, c'est comme au marché : le marchand de tomates baisse ses prix en fin de marché s'il lui reste un stock disponible. Eh bien, faisons de même et le tour sera joué.

Oui, mais tout n'est pas si facile. La recette marginale dégagée en vendant ces sièges vides n'est intéressante que si l'on maintient dans le même temps la recette habituelle. Et c'est là que l'affaire se complique singulièrement. Comment éviter que la clientèle affaires, qui en général ne paie pas son billet et est par conséquent moins sensible aux prix, ne choisisse des tarifs meilleur marché ? Les entreprises ne vont-elles pas obliger leurs salariés à opter pour les tarifs les plus bas, quitte à engendrer certains inconvénients ? C'est ce qu'il convenait d'éviter à tout prix, faute de quoi il ne servait à rien d'aller chercher une nouvelle recette si on perdait l'ancienne.

L'informatique est arrivée à point nommé pour résoudre cette épineuse question.

Pour régler la flexibilité tarifaire sans dégrader la recette, les transporteurs ont découpé leur offre de services en petits morceaux. On a d'abord rapidement créé une classe intermédiaire entre la « première » et la « touriste », comme on disait alors, et on l'a appelée « classe affaires » ou « business class ». C'est ainsi que s'est généralisée l'offre de transport aérien découpée en classes « première », « affaires » et « économique », chaque classe ayant sa propre définition du service.

Restait à bien utiliser chaque classe de service et à rechercher non pas le plus grand nombre de passagers, mais la recette la plus importante. On a ainsi créé une politique tarifaire non plus fondée sur le produit – destination, qualité de service ou autre –, mais uniquement sur la maximisation de la recette. En clair, plus il y a de demande sur un vol et plus la recette unitaire doit être élevée. Par conséquent, il n'y a plus de tarifs publiés, mais un prix au moment de l'achat. Cela s'est d'ailleurs traduit par la disparition des prix dans les indicateurs horaires des compagnies, avant d'ailleurs de faire disparaître totalement ces publications.

Et comment ce prix est-il fixé? Par le « yield manager » de la destination. Celui-ci se trouve dans une sorte de salle des marchés, parfois gigantesque, il manipule les tarifs et l'offre de sièges afin d'améliorer sa recette. Bien entendu, il est aidé par toute une batterie de statistiques car, en principe, les mêmes causes produisant les mêmes effets, la demande de transport suit d'une année sur l'autre des courbes journalières identiques.

C'est ainsi qu'en 1999 British Airways a pu créer 39 millions de tarifs différents pour 49 millions de sièges offerts et que, toutes les nuits aux États-Unis, on assiste à 1 million de changements de tarifs. On est vraiment arrivé à un prix « à la tête du client ».

Mais ces prix, quels sont-ils et comment les distribuer? C'est là qu'interviennent les classes tarifaires.

La folie des classes tarifaires

Au départ, l'idée est simple et de bon sens : pour appliquer plusieurs tarifs sur le même vol et dans la même classe de service, il faut créer une division artificielle : c'est la classe tarifaire. À chaque classe tarifaire sont attachés une réglementation particulière plus ou moins contraignante et un prix. En fait, le système obéit à deux critères essentiels : d'abord, plus la réglementation est flexible et plus c'est cher ; ensuite, plus l'achat est tardif et plus c'est cher également. On voit bien le souci de préserver la recette élevée amenée par les hommes d'affaires, qui ont besoin de flexibilité et qui achètent souvent au dernier moment.

Jusque-là tout est normal, bien que l'on voie s'installer la complexité dans la grille tarifaire. Seulement, le système s'est peu à peu emballé. Les classes tarifaires se sont multipliées et la réglementation est devenue plus complexe.

Prenons l'exemple du vol Paris-New York d'Air France AF 022 le 15 février 2010. Ce vol est opéré par Air France avec un Boeing 777 équipé de 12 sièges en première classe, 64 sièges en classe affaires et 210 sièges en classe économique. Regardons un instant l'affichage de ce vol sur un écran d'agence de voyages[1] :

Décryptons ce langage un peu ésotérique.

```
AN15FEBPARNYC
** AMADEUS AVAILABILITY - AN ** NYC NEW YORK.USNY              35 MO 15FEB
**BR *ALL NEW*RENAISSANCE HTL 57 ON LEX*JAN/FEB FROM 219USD
**BUSINESS BOOST FR 209 W/BFST AND HSIA*TO BOOK >HABRNYCBRB
 1AF:DL8600  C9 D9 S3 I3 Y9 B9 M9 /CDG2E JFK 1  0825     1035  E0/772
             H9 Q9 K9 L9 U9 T9
 2   AF 022  P3 F1 J9 C9 D9 I9 Z5 /CDG2E JFK 1  0825     1035  E0/772
             W4 S3 Y9 B9 K9 H9 T9 V9 R9 L9 Q9 N9 X2
 -      ---
```

1. Information prise le 11 janvier 2010 sur un écran Amadeus.

Nous voyons d'abord apparaître deux classes codifiées P, F. Il s'agit du découpage de la première classe. À chaque lettre correspond une liste de codes qui définissent une réglementation. Celle-ci apparaît en anglais dans le terminal de l'agence de voyages. Voici par exemple ce qui apparaît sur le code HL2AFFR (*cf.* Annexe 1, p. 237). En clair, ce billet ne peut être utilisé que dans le sens France vers États-Unis, il s'applique en classe économique, il peut servir à construire un voyage circulaire, le tarif n'est applicable que sur la totalité du trajet aux dates mentionnées sur le billet et dans l'ordre où les coupons de vol sont émis.

Il vaut mieux connaître très bien à la fois l'anglais et les pratiques du transport aérien.

Ensuite viennent les classes codifiées J, C, D, I, Z, W et S. C'est le découpage de la classe affaires. Là encore, à chaque classe sont attachés à la fois un tarif et une réglementation plus ou moins contraignante. La règle générale est que plus on paie cher et moins il y a de contraintes. C'est logique.

Enfin arrive le découpage de la classe « économique ». Sur celle-ci, la compagnie n'a pas fait de détail. Elle est morcelée en onze classes de réservation, chacune d'entre elles correspondant à une réglementation particulière comme on l'a vu précédemment.

L'affaire n'est déjà pas simple. Mais il y a mieux : c'est l'attribution du nombre de sièges par classe. Le vol AF 022 est opéré en Boeing 777 équipé en 12 « première », 64 « business » et 210 « économique ». Mais cela ne signifie rien, car ce qui compte ce sont les classes tarifaires, et là seul le responsable du « yield management » du vol connaît le nombre de sièges attribué à chaque classe. Mieux même, il les fait varier constamment en fonction du remplissage de l'avion, toujours afin d'obtenir un maximum de recettes sur ce vol. On arrive ainsi au paradoxe suivant : les commerciaux de la compagnie ne savent pas plus que les autres comment est déterminé le nombre de sièges par classe tarifaire. Seul le « yield manager » connaît sa recette.

Cela n'est possible que parce que les tarifs sont eux-mêmes devenus fous.

La course au tarif le plus bas

Reprenons ce vol AF 022 Paris-New York, et entrons maintenant dans la jungle tarifaire. En première classe, le tarif le plus élevé est de 10128 € aller-retour plus 299,45 € de taxes et 10 € de frais de service, et le moins cher est de 7000 €. En « business class », l'écart se creuse entre le plus élevé à 6499 € et le plus bas à 3580 €, taxes non incluses, bien entendu. Mais ce qui devient vraiment intéressant, c'est l'examen de la classe économique. Le plus cher est à 3441 € hors taxes et le moins cher à... 280 € hors taxes, soit un rapport de 1 à 12 pour une prestation en tout point identique (*cf.* Annexe 2, p. 239).

Une seule certitude là-dessus, le client est incapable de s'y retrouver. Je vous rassure, le personnel de la compagnie non plus. En fait, le système a échappé à ses promoteurs. Comment en est-on arrivé là ?

Les compagnies aériennes ont fait un constat tout simple : leur produit n'est pas meilleur que celui de leur concurrent. Il ne l'est pas parce qu'elles, ne l'ont pas voulu et qu'elles n'ont pas travaillé à l'améliorer, à l'exception notoire de certaines d'entre elles, dont nous reparlerons par la suite. Elles ont fait un autre constat, de bon sens, celui-là : moins c'est cher et plus on a de chances d'attirer des clients. La conclusion est simple : il faut afficher le prix le plus bas possible.

Seulement, ce prix le plus bas ne paie pas les coûts. Comment faire alors pour afficher un prix très bas et ne pas donner accès à ce tarif car, une fois « ferré », peut-être le client acceptera-t-il de payer plus cher que ce qu'il avait envisagé à l'origine ? Tout simplement en faisant varier le nombre de sièges attribué à chaque classe de réservation. En clair, la compagnie annonce un tarif à 380 €, mais elle ne mettra que très peu de sièges à ce tarif, disons 10 sur 200, voire aucun siège si le vol attire beaucoup de réservations. Ainsi, le client ne trouvant pas de sièges au tarif annoncé dans les promotions se rabattra, tout au moins l'espère-t-on, sur des tarifs plus élevés.

Mais la course à l'affichage ne s'arrête pas là ! Les compagnies aériennes ont imaginé une astuce simple : on ne met pas toute la prestation dans le prix du billet, mais on ajoute des taxes et des surtaxes. Cela permet artificiellement d'afficher un tarif que le client ne paiera jamais.

La surtaxe des taxes

Pour n'importe quel type de billet, les taxes viennent s'ajouter au tarif affiché. L'imagination des promoteurs est infinie. Les taxes sont de tous ordres : taxes d'aéroport, taxes de sûreté, taxes de solidarité (notamment la taxe dite « Chirac »), surtaxes carburant, surtaxes pour paiement par carte de crédit, surtaxe pour embarquer avant les autres passagers (easyJet) et que sais-je encore. Entrons un peu dans ce dédale de taxes. Pendant longtemps, les compagnies aériennes se sont d'ailleurs servies de cette astuce pour verser moins de commissions aux agences de voyages qui ne touchent une rémunération que sur le prix du billet et non pas sur les taxes que pourtant le système les oblige à collecter. Certes, depuis que le taux de commission est passé à zéro, la question est moins cruciale, mais il n'empêche que les agences de voyages fournissent gratuitement à l'État et même aux compagnies aériennes la collecte des taxes et l'on ne voit pas au nom de quoi cette prestation ne devrait pas être payée.

Les taxes d'aéroport

Les aéroports font effectivement payer aux compagnies aériennes l'utilisation de leurs installations ; cela s'appelle des redevances aéroportuaires. Elles sont applicables chaque fois qu'un appareil décolle ou atterrit, et se calculent à la « touchée » et au poids de l'appareil. Prenons quelques exemples : un Airbus 320 paiera une redevance de 324 € sur les aéroports parisiens et de 188 € à Marseille Provence ; un Boeing 777 devra acquitter une somme de 1 900 € à Paris plus, bien entendu, les frais de parking et les frais d'assistance aéroportuaire. Tout compris, un appareil long-courrier devra payer entre 10 000 € et 12 000 € pour ses frais de « touchée ». Ces taxes servent à entretenir les installations aéroportuaires et à développer les infrastructures.

Les taxes passagers

Elles sont payées par les compagnies aériennes aux aéroports. Elles servent également à entretenir et à développer les infrastructures. Notons tout de même qu'elles sont identiques quel que soit le terminal utilisé sur les grands aéroports. C'est ainsi qu'Aéroports de Paris encaisse une taxe par passager embarqué de 8,62 € à 21 € selon la destination, que celui-ci utilise le terminal 3 de Charles-de-Gaulle, qui s'apparente à un hangar, ou le terminal 2F ou 2E, dont les équipements sont infiniment supérieurs. En clair, le client du T3 paie pour celui du 2F. Sachez seulement que le 2F et le 2E sont réservés à Air France et ses alliés. Ainsi, le client d'easyJet paie pour des services qui seront réservés à… son concurrent.

La taxe de sûreté

Nous reviendrons plus loin sur le formidable « business » de la sûreté. Sachez simplement que chaque fois que vous passez un portique de contrôle des bagages à main et des passagers, là où l'on vous fait poser, au gré des réglementations locales qui ne sont affichées nulle part, votre ceinture, vos chaussures, voire plus si vous avez un pacemaker, vous payez une taxe de sûreté de 8 €.

La taxe dite « Chirac »

Elle consiste à prélever sur les clients du transport aérien une somme qui va de 2 € pour les vols domestiques à 30 € pour les passagers « business » ou première des vols internationaux afin de payer des médicaments destinés aux pays les plus pauvres. Certes, tout le monde est d'accord pour une élémentaire solidarité, mais alors à quoi servent les impôts ? Et pourquoi le client du transport aérien est-il ciblé ? Après tout, celui qui achète une voiture haut de gamme ou qui va dans un restaurant de luxe est supposé avoir les mêmes capacités contributives.

Les surtaxes carburant

Voici un parfait exemple des dérives du transport aérien. Les transporteurs ont fait deux constats : d'abord, le pétrole est indispensable et ce n'est pas de sitôt que l'on trouvera un substitut ; ensuite, le prix de cette source d'énergie est fluctuant. Ils en ont tiré une conclusion à leurs yeux logique : il faut se protéger contre les fluctuations excessives, en particulier l'envolée des prix. Par conséquent, les compagnies achètent une couverture auprès des assurances pour fixer le prix auquel elles vont payer leur pétrole. C'est ainsi que, pendant des années, les grandes compagnies se sont protégées contre une hausse excessive. Mais, pendant le même temps, chaque fois que le prix du pétrole montait, elles ont appliqué des surtaxes carburant alors qu'elles continuaient à s'approvisionner au tarif protégé. Les sommes prélevées ont été considérables, jusqu'à représenter la totalité du résultat de la plus grande compagnie mondiale Air France-KLM pour l'exercice 2007-2008.

Malgré cela, les compagnies ont continué à se protéger à des niveaux un peu plus élevés, anticipant une continuelle montée des prix du pétrole. Mais celui-ci a fortement baissé et les transporteurs sont pris dans un étau aux mâchoires fracassantes : elles paient leur pétrole « protégé » largement au-dessus du cours du marché et elles ne peuvent plus prendre les surtaxes carburant puisque ces dernières n'étaient justifiées que par la hausse des cours. Certaines continuent cependant à prendre des surtaxes carburant, Air France-KLM en particulier.

À jouer l'économie d'un secteur d'activité en pariant sur le cours du pétrole tout comme on pourrait le jouer au casino, on est certain de se brûler les ailes. Et c'est bien ce qui arrive.

Surtaxe pour paiement par carte de crédit

C'est la trouvaille inventée d'abord par les compagnies « low cost » et suivie par certaines compagnies traditionnelles. En clair, comme vous ne pouvez réserver que par Internet, vous ne pouvez payer votre billet que par carte de crédit. Et vous devez acquitter une surtaxe de 5 à 10 €, soit aux alentours de 10 % du prix de votre billet, alors que ces compagnies ont des coûts de cartes de crédit inférieurs dans tous les cas à 2 %.

Surtaxe pour embarquer en priorité

À ma connaissance, elle n'est pratiquée que par easyJet. Pour économiser sur ses coûts et accélérer les procédures d'embarquement, la compagnie ne fait pas d'attribution de sièges. Asseyez-vous où vous voulez, autrement dit où vous pouvez. Mais elle a inventé un concept nouveau : le « speedy boarding ». Il s'agit d'acheter le droit de passer avant les autres pour accéder à l'avion. Ce n'est pas si simple car il faut se frayer un passage au milieu de la foule agglutinée devant la porte d'embarquement, au grand dam des autres passagers qui vous jettent des regards noirs. Si easyJet améliorait son produit en attribuant un numéro de siège à chaque réservation, elle ne pourrait pas encaisser ce revenu. Finalement, moins vous avez de service et plus vous payez cher.

Et les autres

Ce ne sont que quelques exemples de services ou de redevances que l'on fait payer à part au passager alors que le prix du billet devrait, à l'évidence, inclure tout ce qui compose le produit. Ne doutons pas cependant que cette pratique perdurera aussi longtemps que les passagers ne se révolteront pas, et cela est difficile, ou que le législateur n'y aura pas mis le holà. Car, à ce petit jeu, on peut imaginer bien d'autres taxes. Puisqu'il y a une taxe sur le carburant, pourquoi ne pas en mettre une chaque fois que les pilotes sont augmentés ? On pourrait l'appeler « surtaxe pilotage ». Et puis, tant qu'on y est, pourquoi ne pas mettre une taxe pour s'asseoir ? Ne riez pas, Ryanair a effectivement un projet pour faire voyager les clients debout ! On voit bien que tout cela est ridicule, irritant et, au fond, antiéconomique car toutes ces taxes et surtaxes variées n'ont pour but que de camoufler le prix réel du billet. Et ne croyez pas que ces montants soient anodins : sur certains trajets court-courriers, ils arrivent à représenter plus que le prix du billet lui-même. Je ne résiste pas à l'envie de vous donner quelques exemples[1] :

• Paris-Nice : Air France
– tarif week-end : 148,59 € dont 47,59 € de taxes et 3 € de frais.

• Paris-New York : Air France
– tarif économique le moins cher : 596,59€ dont 261,59 € de taxes et 5 € de frais.
– tarif économique flexible : 2 971,59 € dont 261,59 € de taxes et 5 € de frais.
– tarif affaires : 3 064,59 € dont 297,59 € de taxes et 10 € de frais.

---

1. Informations prises le 9 novembre 2009 sur les sites des compagnies aériennes concernées – vols quinze jours plus tard.

– tarif première : 10435,59 € dont 297,59 € de taxes et 10 € de frais.

• Paris-Genève : easyJet :
– 84,23 € dont 9,50 € de « speedy boarding » et 9,50 € de frais de cartes de crédit.

• Paris-Madrid : Iberia
– tarif économique : 420,27 € y compris les frais de service.
– tarif affaires : 890,27 € y compris les frais de service.

• Paris-Londres : British Airways
– tarif business : 501,40 € dont 144,40 € de taxes.

Les conséquences sur le public

Ainsi, le transport aérien a déconnecté le prix du produit. C'est comme si vous payiez votre note de restaurant en fonction du nombre de jours à l'avance où vous avez fait votre réservation, sans connaître les règles, car le « yield manager » fait varier à son gré le nombre de sièges attribué à chaque classe de réservations. Ajoutons à cela que le prix affiché n'est qu'une composante de ce qui sera payé par le passager et nous entrons dans la confusion totale. Le transport aérien a été pris à son propre jeu, car les compagnies « low cost » arrivent aujourd'hui à survivre et même, pour certaines, à vivre très bien avec ces tarifs bas. Par conséquent, elles mettent beaucoup de sièges disponibles à des prix très compétitifs. Et, petit à petit, les grands transporteurs ont été amenés à diminuer leur prestation et la valeur de leur produit afin de baisser leurs prix de revient et ainsi pouvoir concurrencer les transporteurs « low cost ».

À partir de ce moment-là, les clients que l'on avait poussés à acheter à des tarifs plus élevés se sont demandé ce qui justifiait cette différence tarifaire. Comme ces mêmes clients achètent directement sur des « low cost » pour leurs voyages personnels, ils ont pu faire les comparaisons. Et ils en ont tiré leurs conclusions : la différence de prix n'est pas justifiée par le produit, par conséquent j'achète mes voyages professionnels là où le prix est le moins élevé, quitte à ce que ce soit chez un transporteur « low cost ». La comparaison est d'autant plus facile que de puissants moteurs de recherche à la disposition de tous, très facilement accessibles, via Google par exemple, permettent de faire des comparaisons instantanées.

2

LES « FREQUENT FLYER PROGRAMS », UN FIL À LA PATTE BIEN ENCOMBRANT

> « Quand on a l'esprit en forme de marteau, on voit les problèmes en forme de clous. »
>
> Albert Einstein

L'idée est toute simple, c'est le treize à la douzaine. Et cela a commencé de la manière suivante. En 1973, Air Inter avait lancé sur le marché la carte « Horaires Confort » qui permettait de gagner un trajet pour six effectués dans les horaires un peu plus creux. Le succès a été immédiat. Les clients faisaient tamponner une carte de fidélité et lorsque celle-ci était complète ils pouvaient demander un trajet pour la personne de leur choix. Bien entendu, les entreprises ont un peu râlé, car après tout elles payaient des billets pour que les avantages aillent à leurs employés. Et c'est bien ce qui a fait le succès de la formule. En d'autres termes, les consommateurs font payer à leur entreprise un avantage qu'ils utiliseront à titre personnel.

Comment ça marche?

Le système d'Air Inter était artisanal. N'importe quel commerçant en fait autant. Mais les têtes pensantes du transport aérien ont singulièrement sophistiqué le concept. Il fallait d'abord tenir compte de la variété des réseaux. Un vol long-courrier n'a pas la même valeur qu'un court-courrier. Compte tenu des disparités tarifaires, un siège occupé en classe affaires ou en première a évidemment plus d'intérêt pour le transporteur qu'un siège vendu à bas tarif en classe économique. Bref, il fallait bien tenir compte des infinies combinaisons de tarifs et de valeur pour attribuer les primes. C'est ainsi que les transporteurs américains ont attribué des « miles » selon une idée toute simple : plus vous consommez de « miles » sur mes lignes et plus vous en gagnez. Bien entendu, l'affaire ne marche que si le principe sacré du payeur qui n'est pas le vrai bénéficiaire continue à s'appliquer. C'est bien ce qui s'est passé.

L'informatique est venue à la rescousse des inventeurs et leur a permis de perfectionner un concept simple au départ. C'est ainsi que les grands programmes de fidélité tels que « Flying Blue » d'Air France ou « AA Advantages » d'American Airlines ont été confiés à des sociétés qui en ont fait des centres de profit en vendant les primes liées aux consommations de vols à d'autres types de services tels que hôtels, centres de loisirs, locations de voitures, que sais-je ?

Ces derniers producteurs de services ont également décidé de rejoindre les grands programmes de fidélité et de faire gagner des primes consommables sur les avions à partir de produits consommés dans les hôtels, chez les loueurs de voitures, etc.

Disons-le franchement, ces programmes de fidélité, mieux connus sous le nom de FFP (« frequent flyer programs ») sont devenus une véritable usine à gaz.

Un exemple : le programme « Flying Blue »

Il a été créé par Air France, qui en est le principal promoteur avec sa compagnie partenaire KLM. La brochure explicative comporte onze pages, mais elle n'est qu'un résumé d'une réglementation extrêmement complexe. En effet, il est possible de bénéficier d'avantages liés à la consommation des services des partenaires, mais ces avantages sont différents selon le statut que vous avez au sein du programme. C'est ainsi que vous gagnez des « Miles Prime », qui sont acquis sauf si vous n'utilisez pas les services des compagnies associées au programme pendant trois ans, mais vous avez également des « Miles Statuts » qui déterminent le niveau de service associé à ce programme. Par exemple, vous pouvez avoir un droit d'accès aux salons business ou première même si vous voyagez en classe économique si vous avez un statut assez élevé sur une échelle qui va de « Ivory » à « Diamond ». Mais ces « Miles Statuts » sont renouvelés tous les ans, alors que les « Miles Prime » restent acquis.

Ensuite, il convient de savoir avec quels partenaires ce programme est valable. En clair, avec qui vous pouvez acquérir des « Miles Prime ». Au décompte fait fin août 2009, il y avait dans le programme :

– 11 compagnies aériennes principales, membres de l'alliance SkyTeam (nous reviendrons plus loin sur les alliances) : Aeroflot, AeroMexico, Air France, Alitalia[1], China Southern, Continental Airlines, CSA Czech Airlines, Delta, KLM, Korean Air, Northwest Airlines ;

1. Alitalia n'est plus que la marque de l'ancienne compagnie du même nom qui a été liquidée. Elle a été remplacée par la CAI (Compania Aerea Italiana), qui a repris l'usage de la marque Alitalia.

– 3 compagnies aériennes associées à SkyTeam : Air Europa, Copa Airlines, Kenya Airways ;

– 17 compagnies autres partenaires : Aircalin, Airlinair, Alaska Airlines, Avianca, Bangkok Airways, Compagnie Corse Méditerranée, Comair Limited, Japan Airlines, Jet Airways, Kingfisher, Malaysia Airlines, Malev, Middle East Airlines, Qantas, TAAG Angola Airlines, Twin Jet, Ukraine International Airlines ;

– 6 loueurs de voitures : Avis, Europcar, Hertz, National/Citer, Sixt, Verstraaten ;

– 5 partenaires « loisirs », dont Disneyland, DDA Classic Airlines, Helifrance, UGC ;

– 17 chaînes hôtelières : Accor, Best Western, Carlson Hotels, Concorde Hotels, Golden Tulip, Hilton, Hyatt, IHG Intercontinental Hotels Group, Marriott, NH Hotels, Oberoi Hotels & Resorts, Preferred Hotel group, Serena Hotels, Shangri-La Hotels, Starwood, TAJ Hotels Resort & Palaces, World Hotels ;

– 5 partenaires financiers : American Express, Diners Club, Membership Rewards, Travelex, Visa Card Services ;

– 12 partenaires « services » : ADL Partner, Clicalbum.com, E Rewards, E Shopping, Euro Florist, Flying Blue Golf, KLM Boutique, Regus, Selected Wines, Tickets NL, Traveling Connect, Vocalis ;

– un certain nombre d'associations caritatives : KLM Air Cares, Croix-Rouge française, Enfants de la Terre, Geres, La Chaîne de l'Espoir, Enfants du Monde, etc.

Ouf ! 83 partenaires pour un programme de fidélité construit pour le bénéfice d'un seul. Et encore, pour certains partenaires on ne peut que dépenser ses « miles » et, pour d'autres, uniquement en gagner.

Et pourquoi tout cela?

Au vu de la complexité croissante de ces programmes – « Flying Blue » n'est ni plus ni moins complet que ses concurrents –, on se demande bien pourquoi les compagnies aériennes sont allées chercher de tels outils. Car enfin y a-t-il un client capable de comprendre et de profiter de ce genre de facilités?

La réponse est simple: tous sont convaincus que ces fameux FFP sont la seule parade pour éviter que les consommateurs ne vagabondent entre toutes les compagnies aériennes. Il est vrai que, jusqu'à ces dernières années, cet outil a parfaitement fonctionné et que les grands programmes ont permis de fidéliser les clients. À tel point que les FFP sont devenus l'unique outil marketing dont disposent les grandes compagnies aériennes.

Elles ont, en fait, porté tous leurs efforts non pas sur l'amélioration de leur produit, mais sur le perfectionnement de leur FFP. Autrement dit, on a confondu le principal et l'accessoire. Les efforts marketing des compagnies aériennes ont été investis dans les FFP, et non pas pour adapter le produit aérien aux exigences des clients. Au fond, les responsables des compagnies aériennes le savent très bien: le prix payé par la clientèle affaires, en particulier pour la « business class », ne correspond pas à la prestation fournie. Mais il faut par tous les moyens garder cette contribution qui seule peut permettre d'équilibrer les coûts des compagnies, celles-ci ayant décidé de vendre une bonne partie de la classe économique à perte.

Voilà donc pourquoi la parade consistant à fidéliser les clients a constitué la seule réponse satisfaisante à leurs yeux. Car tout cela est d'abord et avant tout de la poudre aux yeux.

Quelle est la réalité des FFP ?

En théorie, en accumulant des « miles » sur une compagnie ou un groupe de compagnies amies, le consommateur gagne le droit de voyager gratuitement et d'avoir accès à de nombreux autres avantages auprès des activités associées.

Encore faut-il pouvoir bénéficier desdits avantages.

Les responsables du transport aérien ont mis beaucoup d'énergie à camoufler les obstacles destinés à décourager les consommateurs de demander et d'obtenir les primes convenues. Les artifices sont nombreux.

D'abord, il y a le fait que les avantages promis sont annulés si le client cesse de voyager pendant une période plus ou moins longue. Il arrive même que certains programmes – c'est le cas de Flying Blue – changent les règles d'attribution sans prévenir. Ainsi, les détenteurs de la carte « Ivory » ont vu récemment la période de non-achat d'un transport sur le réseau des compagnies affiliées au programme passer de trente-six à vingt mois. Surprise et colère pour ceux qui, croyant détenir une créance, se sont tout simplement vu refuser le bénéfice de ce qu'ils avaient gagné.

Mais il y a d'autres obstacles plus sournois. Par exemple la difficulté d'obtenir les bons renseignements auprès du centre d'appels qui gère la clientèle : de longs moments d'attente durant lesquels une machine explique que l'on ne vous répondra pas avant plusieurs minutes alors que l'appel est surtaxé à 0,34 € la minute. Par exemple également le quota des sièges disponibles pour l'accès aux voyages gratuits: celui-ci est variable et dépend du « yield manager » qui fait varier à loisir les sièges correspondant aux bonnes classes de réservation.

Au fond, tout l'art consiste à promettre de façon crédible un avantage suffisamment important pour s'attacher le client… et à ne lui donner qu'une partie de cet avantage. Disons que la règle générale est que les FFP ne sont utilisés au mieux qu'à 40 %. C'est ce qui est appelé le « taux de rédemption », mot admirable pour indiquer que 60 % de la promesse ne vaut en réalité rien du tout.
Et c'est tant mieux pour les compagnies aériennes, car que se passerait-il si elles devaient provisionner l'intégralité des primes accumulées?

Et si tous les « miles » étaient utilisés?

Disons-le tout de suite, ce serait une catastrophe pour le transport aérien. On estime que le programme « Flying Blue », par exemple, accumule par an un potentiel de 2,3 milliards d'euros de primes. Or, compte tenu du fameux « taux de rédemption » calculé sur les utilisations passées, seuls 915 millions d'euros ont été provisionnés au titre de l'exercice 2008-2009.

En clair, le groupe Air France-KLM a donné pour 2,3 milliards d'euros de primes et n'en passe que moins de 40 % dans ses comptes. Sachant que le groupe a perdu 850 millions d'euros en 2008-2009, il devrait en fait annoncer une perte de plus de 2,2 milliards d'euros! En allant plus avant, on s'apercevrait que tous les exercices sont en perte; celui de 2007-2008 s'était soldé par un résultat positif de 1,5 milliard d'euros mais il passerait à zéro si l'on prenait en compte les avantages promis. On voit alors tout l'intérêt qu'il y a à minimiser les primes réellement concédées… sans que le client s'en rende compte, de préférence.

« Flying Blue » ne constitue pas une exception. Le programme n'est ni plus ni moins mauvais que ses concurrents. En fait, l'équilibre comptable du transport aérien repose sur une promesse pour le moins fallacieuse.

Des avantages non taxés… pour combien de temps?

Il faut reconnaître que les pouvoirs publics sont d'une grande indulgence vis-à-vis de ces avantages. N'importe quel salarié se verra taxer sur des avantages en nature, si par exemple il dispose d'une voiture de société, mais par sur les primes qu'il reçoit à titre personnel dans le cas des FFP. Cela est, certes, tout à fait heureux pour le transport aérien, mais on peut se demander pendant combien de temps cette indulgence va perdurer.

Il est à craindre que, si par hasard les gouvernements se décidaient à taxer ce revenu déguisé, cela entraînerait une désaffection rapide de cet outil marketing, qui est d'ailleurs le seul moyen utilisé par les compagnies aériennes pour fidéliser leurs clients.

3

L'ESCROQUERIE DES « CODE SHARES »

> « Mariage : union qui permet à deux personnes de supporter des ennuis qu'elles n'auraient pas si elles étaient restées seules. »
>
> Pierre Desproges

Comment vendre ce que l'on n'a pas ?

Le principe est simple et se résume en une courte phrase : comment vendre légalement ce que l'on ne possède pas ?

Allons directement à l'essentiel pour notre lecteur dont nous supposons qu'il est client du transport aérien. Faisons également l'hypothèse qu'il est français et qu'il souhaite se rendre aux États-Unis. Assez naturellement, il aura tendance à prendre sa compagnie nationale dont on nous vante les mérites à longueur de publicité. Eh bien, en achetant un vol qu'il croit être Air France, notre lecteur se trouvera une fois sur deux sur un vol de Delta Air Lines. Cela ne porterait pas à conséquence si les compagnies ne faisaient justement pas leur promotion sur leur différence. « Regardez comme mon siège en classe affaires est beau », « Appréciez le service "à la française", la "French touch" est réputée dans le monde entier ». Finalement, c'est la différence que le client achète et non un type d'appareil car ce sont les mêmes sur toutes les compagnies.

Comment peut-on faire cela ? Très simplement. Les compagnies passent entre elles des accords de « code shares », autrement dit de partages de codes. Il faut à ce stade se livrer à une petite explication technique.

Toutes les compagnies aériennes régulières sont identifiées par un code (appelé encore bigramme, car il est composé de deux lettres ou d'une lettre et un chiffre). Ce code est attribué par l'IATA une fois pour toutes. Il sert à identifier la compagnie mais également ses vols. Ainsi, le code d'Air France est AF et celui de Delta Air Lines, DL. Certains codes sont plus difficiles à déchiffrer ; par exemple le code d'Aeroflot, la compagnie nationale russe, est… SU. Le vol Paris Charles-de-Gaulle/New York John Fitzgerald Kennedy d'Air France sera par exemple codifié AF 022. Dans les systèmes de réservation tout comme sur le billet du passager, c'est ce code qui apparaît. Ledit vol est opéré en Boeing 777 et part à 8 heures.

Mais il se trouve qu'Air France et Delta Air Lines sont alliés et se donnent des coups de main mutuels. Delta Air Lines va donc trouver Air France et lui tient à peu près ce langage :

— Cher ami, nous allons vous aider à remplir votre vol et pour cela nous allons acheter des places sur votre Boeing 777. Mais ces places nous appartiendront et nous les vendrons comme si c'était notre propre vol.

— Marché conclu, à la condition que moi, Air France, je puisse en faire autant sur votre vol qui part une heure après le mien vers Atlanta. Bien entendu, nous achèterons les sièges sur votre vol aux mêmes conditions que vous les achetez sur notre vol.

C'est ainsi que le vol d'Air France est dédoublé, de même que celui de Delta Air Lines. Et voilà comment notre client Air France a une chance sur deux de se retrouver sur un avion de Delta Air Lines et réciproquement.

Cette pratique pourrait être tout autre. Rien n'empêche en effet Air France et Delta Air Lines d'avoir des accords commerciaux, voire de se racheter des sièges réciproquement. Vis-à-vis du client, il suffirait à Delta Air Lines de dire à son client :

— Écoutez, nous avons de très bons rapports avec Air France et, puisque l'horaire d'Air France et son type d'avion vous conviennent mieux, nous allons vous vendre un siège sur Air France.

Ce serait plus honnête et cela reviendrait strictement au même sur le plan économique.

Seulement voilà, la grenouille veut se faire toujours plus grosse et, en disant simplement la vérité, cela ne permettrait pas de gonfler les réseaux des compagnies artificiellement. C'est ainsi qu'Air France annonce desservir cent dix destinations aux États-Unis alors qu'en réalité elle n'en dessert qu'une petite dizaine, toutes les autres étant opérées par des vols Delta Air Lines.

L'affaire se complique encore, car les vols des deux compagnies n'ont pas la même configuration. Delta Air Lines opère ses vols transatlantiques avec deux classes de service : une « business first », qui est un compromis entre une première classe et une classe affaires, et une classe économique. Si la classe économique est comparable à celle d'Air France, à la notable différence du style de service, l'un de culture américaine et l'autre de culture française, il n'en est pas de même pour la « business first » dont on peut dire qu'elle est beaucoup moins bonne que la première classe mais nettement supérieure à la classe affaires d'Air France.

Alors que se passe-t-il pour les passagers ? Si vous avez acheté un billet en classe affaires Air France sur un vol opéré par Delta Air Lines, vous aurez la bonne surprise d'être mieux traité. En revanche, si vous avez fait l'inverse et que vous vous attendiez à voyager en « business first » de Delta Air Lines sur un vol opéré par Air France, vous serez traité comme en classe affaires d'Air France, c'est-à-dire sensiblement moins bien.

Bien entendu, ce qui est vrai entre Air France et Delta Air Lines se reproduit entre la majorité des grands transporteurs qui espèrent ainsi acquérir des parts de marché à peu de frais, au risque de voir leur propre produit fondu dans le magma des « code shares ». Ainsi, pour ne prendre que quelques exemples proches de nous, Air France a des contrats de partage de code avec plus de cinquante compagnies aériennes. Récemment, Air Mauritius a signé un accord de « code share » avec Air France portant sur trente-cinq destinations en Europe. Ainsi, cette compagnie de niche va pouvoir annoncer en toute impunité qu'elle dessert trente-cinq villes européennes alors qu'elle n'est en réalité présente directement que sur dix.

Imaginé au début des années 1990 par la compagnie Air Malta, le système s'est emballé, tout le monde signant des accords avec tout le monde. En janvier 2009, 212 compagnies avaient signé des accords de « code share » entre elles. Les champions de cette pratique sont sans conteste les américains United Airlines et US Airways. Bref, plus personne ne sait finalement ce qu'il achète.

Certes, la bonne pratique recommandée par les compagnies consiste à ce que les agences de voyages, en principe mieux informées, indiquent à leurs passagers quel est l'« operating carrier » correspondant au billet qu'ils ont acheté auprès du « marketing carrier ». Pour cela, l'agence de voyages dispose d'un outil appelé GDS[1], sur lequel ces informations sont en principe accessibles… à la condition de savoir décoder un langage parfaitement hermétique et de bien connaître les flottes des différentes compagnies.

Bref, nous nageons dans la plus grande confusion. En dehors du fait que cette pratique n'a été faite qu'à l'avantage exclusif des compagnies aériennes, il est intéressant de se demander si elle a eu l'effet multiplicatif attendu sur le marché. En effet, l'ensemble des passagers se distribue sur l'ensemble des compagnies. S'il y a des gagnants, il y a forcément des perdants. Mais lorsque vous interrogez les responsables commerciaux des compagnies, aucun n'avoue avoir perdu des parts de marché. Tous vous expliquent l'impact forcément positif de leur stratégie de partage des codes. À qui fera-t-on croire cela ?

Au fond, l'affection essentielle des transporteurs pour cette pratique douteuse tient à une seule raison : la place sur les GDS, c'est l'outil dont disposent les agences de voyages. Or 80 % des ventes d'une destination se font sur le premier écran et 80 % des ventes du premier écran se font sur les cinq premières lignes. On voit alors tout l'intérêt qu'il y a à occuper l'espace, quitte à doubler l'information pour un même vol. Je renvoie le lecteur en page 28 où apparaît la première page GDS de la destination Paris-New York. La première ligne est occupée par le vol AF :

1. Global Distribution Systems. Ils sont installés dans les agences de voyages et permettent de réserver et d'émettre les billets d'avion.

DL 8600 qui part à 8h25 en Boeing 777 et la deuxième par le vol AF 022 qui part justement à la même heure avec le même appareil. Il est clair qu'il s'agit du même vol affiché deux fois : une première fois en vol Delta Air Lines et la deuxième fois en vol Air France. Les deux compagnies n'ont d'ailleurs pas la même politique. Ainsi, le vol Delta 8600 n'affiche pas de première classe alors que le vol Air France 022 en possède une. Tout cela sur le même appareil, le même vol et un service identique. Voilà un bon exemple de la dérive des « code shares » qui permet d'occuper 25 % du premier écran des GDS sur l'axe majeur Paris-New York.

Les GDS : un outil de combat pour conquérir et garder les marchés

Notre lecteur doit garder à l'esprit quelques données essentielles : il existe par le monde environ 900 compagnies aériennes régulières, dont près de 200 transporteurs « low cost » et encore quelques dizaines de compagnies « charters ». Pour avoir accès au marché, il n'y a que deux possibilités : soit une relation directe entre le client et la compagnie aérienne, soit le passage par une agence de voyages habilitée à délivrer des billets sur les compagnies. Il y a dans le monde environ 120000 agents de voyages. Le formidable développement d'Internet ne change rien à l'affaire, ce n'est qu'un vecteur de communication sophistiqué comme l'était en son temps le téléphone.

Jusqu'au début des années 1980, les compagnies nationales avaient presque toutes développé un système de réservation électronique installé dans les agences de voyages. Elles hébergeaient gratuitement les vols des autres transporteurs et transmettaient les demandes de réservation à leurs concurrents, chargés de leur rendre le même service dans leurs pays dominants. Dans le fond, le système était satisfaisant. Il permettait aux agences de voyages d'avoir un accès à tous les vols du monde et laissait une position dominante au transporteur national. Car, bien entendu, l'affichage des vols n'était pas neutre. La compagnie nationale présentait ses vols sur les premières pages de l'écran et repoussait les concurrents sur les pages suivantes. Mais, après tout, comme ces pratiques étaient identiques dans tous les pays, tout le monde se satisfaisait de cet état de fait.

Il faut dire qu'à cette époque le transport aérien n'était pas aussi développé que de nos jours, tant s'en faut, et que les pratiques de vente des billets d'avion restaient artisanales. En clair, chaque compagnie déposait un stock de ses propres billets dans les agences de voyages sélectionnées, et ces dernières envoyaient tous les mois un relevé de leurs ventes et le règlement correspondant.

Jimmy Carter, alors président des États-Unis, a fait voler en éclats cet équilibre qui restait tout de même un peu fragile. En 1978, il a décrété la libéralisation du transport aérien à l'intérieur des États-Unis. Auparavant, une compagnie devait disposer de « droits de trafic » pour desservir une route aérienne entre deux villes. Ces droits définissaient également les tarifs applicables, le nombre de vols et les types d'appareils autorisés. Pour dire les choses simplement, M. Carter a dit aux compagnies aériennes : « À partir de maintenant, sur l'ensemble du territoire américain, chaque transporteur disposant d'une autorisation de transport public pourra faire ce qu'il voudra, à condition de respecter les règles de sécurité. Chaque compagnie aura pleine liberté pour décider de son réseau, de ses fréquences de vol et de ses tarifs. »

Formidable révolution !

Mais il restait un point particulièrement important à régler : l'accès au marché. À l'époque, et d'ailleurs encore aujourd'hui, la compagnie American Airlines avait une position tout à fait dominante sur le marché intérieur américain et elle avait installé son système de réservation, appelé Sabre, dans une grande majorité des agences de voyages. Comment les concurrents auraient-ils pu avoir un accès neutre au marché si les affichages dans les terminaux de réservation étaient contrôlés comme par le passé ?

Le gouvernement américain a donc imposé aux compagnies aériennes d'afficher les vols de façon neutre, en fonction de leur heure de départ et de leur temps de vol. Cela ne faisait absolument pas les affaires d'American Airlines et d'United Airlines, son grand concurrent. Ils avaient installé à grands frais leurs terminaux dans les agences de voyages et ces dernières pouvaient désormais les utiliser pour leur faire une concurrence qu'ils contrôlaient parfaitement jusque-là.

Mais le pragmatisme américain a rapidement trouvé une solution. Les dirigeants d'American Airlines ont dit aux autres compagnies :

— D'accord, nous allons vous offrir un affichage des vols parfaitement neutre, mais vous allez payer pour ce service alors qu'il était gratuit précédemment.

— Et combien allons-nous payer ? ont demandé les autres transporteurs.

— 3 $ par passager et par vol.

C'est ainsi que s'est créée une exceptionnelle machine à sous. Il fallait lui trouver un nom générique, cela a été les GDS.

Rapidement, les transporteurs européens se sont également mis sur les rangs pour profiter de cette manne. Imaginez: 3 $ par passager sans investissement majeur puisque toutes les principales agences de voyages étaient déjà équipées de l'un ou l'autre des systèmes de réservation des compagnies dominantes. Une formidable bagarre s'est alors développée pour contrôler un maximum d'agences de voyages et multiplier ainsi les transactions dans les GDS. Les grandes compagnies aériennes ont évidemment été à l'origine de la création de ces nouveaux outils. Cette stratégie était d'autant plus normale que toutes avaient déjà installé leur propre système de réservation électronique dans les agences de voyages de leurs pays respectifs.

Air France, Lufthansa, Iberia et SAS ont ainsi créé Amadeus avec l'assistance technique du système américain System One, appartenant à Continental Airlines. Dans le même temps, British Airways, Swissair et Alitalia installaient Galileo avec le support d'Apollo, appartenant, lui, à United Airlines. Et la lutte pour installer ces systèmes dans les agences de voyages a commencé… à coups de remises et de primes accordées aux agences qui se sont ainsi vues dotées d'un outil de grande qualité pour presque rien.

Bien entendu, les grands bénéficiaires ont été les propriétaires des GDS. Ils ont tout d'abord empoché de substantiels dividendes avant de revendre leurs actions à de grands fonds d'investissement. Mais s'il y a des gagnants, il y a également des perdants. Ce sont toutes les compagnies qui n'ont pas participé à la création des GDS. Elles n'ont évidemment eu aucun avantage financier et ont continué de payer les 3 $ devenus maintenant 4 $ par passager. En clair, une réservation Paris-Nice-Rome-Milan-Paris rapporte 16 $ au GDS. Il y a dans le monde un peu plus de 2 milliards de passagers qui créent ainsi une manne de 8 milliards de dollars, partagés en cinq GDS dont trois principaux : Amadeus, Sabre et Galileo.

Amadeus a ainsi été valorisée à 4,7 milliards d'euros lors du montage de sortie des compagnies fondatrices. La seule part d'Air France dans cette transaction a été de 1,022 milliard d'euros. Résultat non négligeable, on le voit. Mais tous ces rachats se sont faits à partir d'endettement et par conséquent il n'est surtout pas question que le prix des transactions baisse, ni que les transporteurs quittent ces systèmes.

Pour revenir à notre propos initial, les pratiques de partages de codes ou de « code shares » ne sont pas près de disparaître pour les raisons indiquées ci-dessus, auxquelles il faut rappeler que 80 % des ventes se font sur le premier écran et que 80 % des ventes du premier écran se font sur les cinq premières lignes. La bagarre pour occuper cet espace privilégié est donc sans merci. Il n'en demeure pas moins que les consommateurs vont peut-être finir par se révolter contre ce qu'il faut bien appeler une sorte d'escroquerie. Il est d'ailleurs possible que la raison vienne des autorités de Bruxelles devant la montée des problèmes causés par cette méthode de vente.

En effet, outre le fait que le client n'est jamais certain de ce qu'il achète, il est le premier pénalisé en cas d'incident : retards importants, pertes de bagages, voire pire en cas d'accident. Cela est déjà arrivé. La détermination des responsabilités n'est déjà pas aisée lorsque le passager n'a affaire qu'à un seul transporteur, mais que se passe-t-il dans le cas de partages de codes? L'affaire se complique d'ailleurs car très fréquemment les compagnies confient à d'autres transporteurs, filiales ou non, le soin de réaliser le vol. C'est ainsi que le vol Air France Paris-Florence AF 5308 opéré en « code share » avec Alitalia AZ 7801 est en réalité réalisé par la compagnie irlandaise CityJet, certes filiale d'Air France à 100 % mais dont le personnel ne parle pas toujours très bien le français, et encore moins l'italien!

Et que se passe-t-il en cas de problème?

Pour tout dire, le « code share » complique singulièrement les affaires des clients en difficulté. Prenons quelques exemples simples: qui indemnise une perte de bagages? Qui compense des retards importants?

Mettons-nous à la place d'un passager malchanceux qui a pris le vol AF 8984 Paris-Atlanta et qui, malencontreusement, ne retrouve pas son bagage à l'arrivée. Il se trouve que ce vol est en réalité opéré par la compagnie Delta Air Lines pour lequel Air France a un accord de « code share ». Par conséquent, le bagage a été perdu par la compagnie Delta Air Lines. Oui, mais le passager a acheté un billet Air France. À qui doit-il s'adresser?

À l'aéroport d'Atlanta, la représentation d'Air France est très faible puisque cette dernière a confié ses intérêts au transporteur américain. L'examen attentif de la réglementation d'Air France ne donne pas une réponse claire à cette question.

Le flou le plus complet existe également en cas de retards entraînant des pénalités ou susceptibles de faire manquer une correspondance.

En fait, le passager confronté à ce genre de problèmes est totalement désarmé. Il est tout d'abord dans un état de stress qui l'empêche de raisonner froidement. De plus, il se situe toujours dans un environnement non familier. Il ne connaît pas les procédures qu'il est pourtant censé devoir subir. Enfin, souvent il ne parle pas bien la langue dans laquelle sa réclamation sera faite. Sans compter que, un malheur n'arrivant jamais seul, il est rarement l'unique cas sur un vol. Il devra par conséquent faire une longue queue avant de trouver l'agent auquel il devra adresser sa réclamation, laquelle, comme on l'a vu, n'est pas simple à enregistrer.

Bref, disons-le tout net, le « code share » n'est pas créé afin de satisfaire le passager, mais bien pour arranger les petites affaires des compagnies aériennes.

Où va s'arrêter ce système ?

À vrai dire, on ne peut pas compter sur le bon sens des responsables des compagnies aériennes pour arrêter un système dans lequel la plupart voient une solution économique. Je continue de m'interroger sur cet intérêt, car, enfin, l'ensemble des passagers se distribue sur l'ensemble des compagnies aériennes. Où est donc l'avantage d'étendre artificiellement son réseau si tout le monde en fait autant ? L'inconvénient est en revanche bien réel pour les consommateurs. Mais, après tout, ce n'est pas l'affaire des dirigeants des compagnies. D'ailleurs, qui se soucie du client ? Un consommateur est un « pax », c'est-à-dire une unité de consommation. Combien avons-nous eu de « pax » hier ? Voilà la question, et non pas : combien de clients avons-nous satisfaits hier ?

Il est donc illusoire de compter sur une réforme venant de l'intérieur du transport aérien. Pour faire cesser cette pratique nocive, il faudra en passer par la réglementation. C'est d'ailleurs ce qui a été fait dans le cas du « surbooking ». La Commission européenne a obligé les transporteurs à compenser les refus d'embarquement pour cause de surréservation. Les pénalités sont suffisamment dissuasives pour que les clients puissent maintenant se montrer satisfaits.

Il faudra sans doute faire de même pour le « code share ». Ce ne sera pas aisé, car les transporteurs entretiennent des lobbys puissants auprès des autorités administratives aussi bien en Europe qu'en Amérique.

Au fond, les compagnies craignent plus que tout l'exposition aux médias. Il est possible que la brèche vienne par quelques articles bien sentis dans la presse grand public. Il est curieux de voir combien les médias peuvent s'emparer immédiatement de tout incident, même minime, survenu à bord d'un avion et délaisser le fond des dysfonctionnements.

Et puis les clients devront s'organiser beaucoup plus qu'ils ne le font pour le moment. En cas de problème, chaque individu est confronté à une grosse machine dont le but est surtout de ne pas lui donner satisfaction. Il convient de renverser les rapports de force. Pourquoi ne pas penser à une puissante association des clients du transport aérien, présente dans tous les grands pays avec un comptoir dans chaque grand terminal d'aéroport. Ainsi, les consommateurs pourraient avoir un interlocuteur chargé de défendre leurs intérêts et dont la puissance serait identique au moins à celle de la compagnie aérienne avec laquelle ils ont un litige. Dans la plupart des cas, les litiges sont complexes parce que leur résolution est entravée par les accords de « code share ». On ne sait plus qui est responsable de quoi. Les clients sont désarmés devant l'immensité des difficultés administratives à surmonter pour faire aboutir leurs demandes. Ils abandonnent en chemin, ayant une meilleure façon d'employer leur temps et leur énergie. Mais que se passerait-il si, systématiquement, l'association des clients du transport aérien portait les litiges devant la justice ? Nul doute que les pratiques à la limite de ce qu'il faut bien appeler une escroquerie ne seraient amenées à disparaître.

4

LE GROS BUSINESS DE LA SÛRETÉ

> « Douane: formalité indispensable permettant à un monsieur que vous ne connaissez pas de plonger la main dans votre linge sale en vous laissant le soin de le remettre en ordre devant cinquante personnes. »
>
> Pierre Daninos
>
> S'applique également aux « postes d'inspection filtrage », ou PIF.

Il est extrêmement difficile de parler de ce sujet, surtout si l'on veut en critiquer certains aspects. Comment éviter de se faire taxer de laxisme, voire d'inconscience quand on attaque des pratiques censées protéger les consommateurs? Je prends néanmoins le risque car, comme tout passager, je suis particulièrement sensible à cette notion de sûreté et me sens par conséquent en droit d'en parler.

Sûreté ou sécurité?

Comme toute activité, le transport aérien a ses règles non écrites mais néanmoins bien réelles. Il vaut mieux les connaître. Par exemple, il vaut mieux ne pas confondre les notions de sécurité et de sûreté.

Pour faire simple, disons que la sécurité concerne tous les aspects techniques du transport aérien. Cela va du contrôle aérien à la maintenance des appareils en passant par la formation des personnels techniques au sol et en vol, la mise à jour des procédures en fonction des progrès techniques, bref, tout ce qui fait que le vol que vous prenez a toutes les chances d'arriver à bon port, à la condition, bien entendu, d'éviter les malfaisants dont le but est justement de perturber cette belle mécanique. C'est là qu'intervient la sûreté. Comment se défendre contre un acte de malveillance, car toute perturbation peut avoir des conséquences dramatiques.

La sûreté s'est donc développée progressivement depuis que des terroristes ont pris le transport aérien pour cible parce qu'il est source d'une médiatisation assurée. Qui ne se souvient des premiers avions détournés en Jordanie au début des années 1970, du suspense presque intolérable lié à la libération des otages et des images si impressionnantes lorsque les appareils ont explosé? Dès ce moment, les responsables ont été obligés de se préoccuper très sérieusement de la sûreté du transport aérien. Les aspects les plus visibles sont bien entendu la chasse aux passagers malveillants, puisque l'on trouve aujourd'hui suffisamment de kamikazes prêts à sacrifier leur vie pour faire sauter des avions, mais également et surtout, dirais-je, la chasse aux bagages suspects : il suffit de se rappeler les attentats contre la Pan Am à Lockerbie et contre UTA dans le désert du Ténéré.

La religion de la sécurité

C'est sans doute l'aspect le plus sympathique et le plus intéressant de ce secteur d'activité. Il existe réellement chez tous les acteurs du transport aérien la conscience aiguë que faire voler un appareil à 10000 mètres d'altitude et à 900 km/h est un exercice particulièrement délicat. En conséquence, vous ne trouverez aucun responsable ou salarié pour tenir la sécurité et la sûreté pour quantités négligeables. Au contraire, ces deux notions sont en permanence présentes dans l'esprit de tous les personnels et plus particulièrement de leurs dirigeants. Je ne connais personne dans ce métier qui ne se sente personnellement affecté lorsqu'un accident arrive quelque part dans le monde.

Cette attitude a eu, au fil du temps, des résultats particulièrement positifs. Chaque accident ayant été analysé en profondeur pour en connaître les causes, le transport aérien est devenu le mode de transport le plus sûr si l'on se réfère au nombre de morts par 100 millions de passagers-kilomètres. De ce fait, le même accident n'a jamais existé deux fois, car des modifications ont été apportées dans les procédures et dans les aspects mécaniques de telle sorte que celui-ci ne puisse plus se reproduire. C'est ainsi que, notamment, des sommes considérables sont consacrées à la recherche des fameuses boîtes noires dont l'analyse donne des renseignements indispensables. Il est d'ailleurs impensable, comme on a pu l'entendre dire ici ou là, que certaines autorités aéronautiques ne consacrent pas toute leur énergie à la recherche de la vérité. Il n'est donc pas étonnant que le même effort soit déployé pour les aspects sûreté. Comment admettre en effet que tous les investissements et tous les efforts mis en œuvre pour assurer la sécurité soient mis à mal parce qu'un esprit pervers aura mis un bagage piégé à bord d'un avion?

Il ne viendrait donc à personne, et surtout pas à moi, l'idée de ne pas tout mettre en œuvre pour assurer la sécurité des passagers.

Cela posé, il reste à voir comment celle-ci est assurée. Les aspects techniques couverts par les notions de sécurité sont, au fond, peu critiquables sauf peut-être par des spécialistes dont je ne suis pas. En revanche, on peut légitimement s'interroger sur les pratiques de sûreté, car elles affectent directement tous les passagers. Les procédures sont-elles efficaces ? Peut-on en envisager d'autres ? Combien coûtent-elles ? Peut-on employer l'argent autrement et plus efficacement ?

Des procédures fluctuantes

Ce qui frappe au premier abord dans les procédures de sûreté, c'est qu'elles ne sont pas homogènes non seulement d'un pays à l'autre, mais également d'un aéroport à l'autre dans un même pays, voire d'un terminal à l'autre dans un même aéroport.

Quel passager un peu régulier n'a pas expérimenté, avec quelque irritation, ces différences ? Ici, on vous fait enlever votre ceinture et pas là. On vous demande de poser vos chaussures, ou l'on vous les laisse. Vous pouvez passer le portique avec la main dans votre poche, ou non. Bref, ce sont certes de petites différences, mais qui affectent toutes l'attitude des voyageurs. Or ces derniers sont déjà en état de stress, car les queues aux portiques de sûreté sont parfois très longues et la crainte de manquer son vol entraîne des comportements agressifs de la part des passagers auxquels répondent avec quelque malignité les agents de sûreté en appliquant strictement et avec zèle les consignes, quitte à retarder tout le monde. Il arrive d'ailleurs fréquemment que des passagers manquent leur vol ou, si le nombre de voyageurs coincés dans la queue est très important, que le vol soit retardé.

Ajoutons que, dès qu'un incident plus ou moins grave se produit, le sacro-saint principe de précaution pousse tout naturellement les intervenants à renforcer leurs procédures, conscients qu'ils sont que le dispositif actuel est tout de même très poreux. Les responsables aéroportuaires de bonne foi avouent que, lors des tests pratiqués régulièrement, une minorité des objets prohibés, armes comprises, est réellement détectée. Le dernier incident, arrivé fin décembre 2009 sur le vol Northwest Airlines Amsterdam-Newark, en est la parfaite illustration.

Donc, première question, pourquoi les procédures ne sont-elles pas homogènes et, en fait, qui en décide ? Renseignements pris, pour ce qui concerne l'Europe, une directive de Bruxelles indique les grandes lignes des opérations de sûreté à mener sur le territoire européen. Chaque pays, par l'intermédiaire de son Aviation civile, doit traduire cette directive en réglementation applicable sur son territoire. Pour la France, les préfets de département formulent les circulaires, lesquelles sont transmises aux aéroports. Ces derniers confient les opérations de sûreté à des organismes privés, lesquels sont soumis à un appel d'offres, et ce sont ces derniers qui ont pour charge de mettre les procédures en application. Sauf que ce sont les donneurs d'ordre, c'est-à-dire les aéroports, qui déterminent le nombre d'agents à affecter à telle ou telle position et à tel ou tel moment.

Ainsi, celui qui exécute le travail n'est pas responsable de la qualité de son service, car il ne décide pas des moyens à mettre en œuvre. Il est en outre contrôlé non pas par le donneur d'ordre mais par l'autorité préfectorale, laquelle ne fait que traduire des directives gouvernementales.

Étonnez-vous après cela que la façon de traiter les passagers soit différente d'un endroit à l'autre.

Mais, au fond, il ne s'agit peut-être que de la création d'un nouveau et fructueux « business ».

Qui paie et combien ?

Entrons un peu dans le concret. Combien cela coûte-t-il et combien cela rapporte-t-il, et à qui ? Il faut pour répondre à cette question suivre le cheminement des taxes de sûreté payées par les passagers, car nous avons au moins une certitude : le payeur est le client. Cela est d'ailleurs étrange puisque la charge de protection des populations revient normalement à l'État.

Pour faire simple, disons que chaque client paie un peu plus de 14 € en taxes de sûreté et de sécurité. À qui les paie-t-il ? À l'État, qui doit les redistribuer aux gestionnaires des aéroports. Ces derniers font des appels d'offres auxquels répondent les sociétés spécialisées dans la sûreté : Brinks, ICS, et d'autres. Bien entendu, celui qui sera retenu est le mieux-disant, en clair celui qui coûte le moins cher, non pas au passager, mais au gestionnaire aéroportuaire. À écouter les responsables de ces sociétés, la compétition est tellement serrée que les marges sont quasiment réduites à rien.

De plus, la définition de l'appel d'offres est faite par le gestionnaire aéroportuaire qui indique les flux de passagers à contrôler. La mise en place des équipes se fait donc à partir d'estimations et correspond ou non à la réalité. C'est ainsi que d'interminables queues peuvent se produire si le nombre de personnes à contrôler a été sous-estimé.

Chez Aéroports de Paris, la taxe d'aéroport est de 9,50 € plus 0,88 € qui vont à l'État. Le montant de la partie allouée à la sûreté est un secret bien gardé, mais les estimations données par Aéroports de Paris sont un chiffre d'affaires annuel de 399,4 millions d'euros. 4300 personnes sont affectées à cette prestation, 1400 appartenant à Aéroports de Paris et 2900 aux prestataires de services externes. Au total, le ratio est par conséquent de 93000 € par agent et par an. Certes, il convient de pondérer ce chiffre, car il faut bien payer les installations et les frais de gestion. Il n'en demeure pas moins vrai que les sommes investies dans cette prestation paraissent très élevées si on les rapporte à la qualité offerte. Est-ce à dire que les autorités aéroportuaires font du bénéfice sur cette activité?

Reste à savoir si le dispositif est efficace et s'il n'y aurait pas d'autres procédures plus efficaces, moins coûteuses et plus facilement acceptables par les passagers.

N'y a-t-il pas mieux à faire?

Personne ne met en doute la nécessité d'assurer une parfaite sûreté dans le domaine aérien. Le défaut en la matière a été payé particulièrement cher par les Américains le 11 septembre 2001. Mais ces contraintes imposées au système sont-elles efficaces? Les contrôles redondants – on vous demandera plusieurs fois de prouver votre identité avant de prendre un vol – sont-ils sérieux? N'y a-t-il pas le risque d'un défaut d'attention de la part d'agents qui savent qu'avant ou après eux d'autres feront le même contrôle? Alors le défaut, si défaut il y a, sera certainement détecté, pensent-ils. Au cours de mes déplacements, il m'est arrivé plusieurs anecdotes à l'appui de ces incertitudes.

De plus, pour faire partir un avion, il faut beaucoup de personnes, lesquelles ont accès à la cabine et sont par conséquent susceptibles de commettre des actes répréhensibles. Certes, en théorie, tous les agents opérant sur un aéroport doivent détenir un badge qui n'est délivré qu'après enquête. Mais enfin, rien que sur les aéroports parisiens, il y a plus de soixante mille porteurs de badges. Est-on certain de leur totale fiabilité ?

M. Legorjus, l'ancien patron du GIGN, dans une intervention très remarquée lors du Cannes Airlines Forum de 2006, a été très critique quant au système actuellement utilisé. Pour lui, plus on met d'étapes de contrôle et plus on crée de possibilités de les contourner. Tout l'argent employé à « embêter » les passagers serait beaucoup mieux utilisé pour faire du renseignement efficace et ce à un coût bien moindre.

Je ne suis pas loin de partager cette opinion et je ne suis pas le seul. Les contraintes imposées aux clients deviennent insupportables pour un résultat médiocre. D'autres techniques ont donc été mises à l'étude et certaines sont déjà opérationnelles dans certains aéroports et certaines compagnies.

Le futur de la sûreté

C'est bien simple, la technique devient profondément inquisitoire. Plus les systèmes sont sophistiqués, plus on peut voir au tréfonds de votre corps ce que vous êtes susceptible de cacher. Cela s'appelle des « body scans ». C'est un sas dans lequel vous êtes bombardé d'ondes millimétriques dont on assure qu'elles sont inoffensives. Ces ondes ont la particularité de vous transformer en une silhouette en trois dimensions sur laquelle un opérateur convenablement équipé voit tout de vous, à l'extérieur mais également à l'intérieur de votre corps : prothèses, implants mammaires et éventuellement objets illicites que vous souhaiteriez emporter à bord de l'avion. L'avantage est réel en termes de rapidité : trois secondes sans que vous ayez à vous déshabiller. L'inconvénient est l'intrusion au plus profond de votre vie privée. Où s'arrêtera-t-on ? Faudra-t-il scanner le cerveau pour déterminer vos bonnes ou mauvaises intentions ? Bien entendu, tout cela a un coût : aux alentours de 200 000 € par machine. Qui va payer ? Le passager comme c'est le cas en France et dans nombre d'autres pays, ou l'État comme cela se pratique aux États-Unis ?

Plus intéressant me paraît être le « profiling ». En clair, des « profilers » sont chargés de détecter les personnes à comportement suspect dans l'enceinte d'un aéroport. Celles-ci sont alors longuement interrogées afin de s'assurer de leur bonne volonté. Cela a le mérite d'être fluide, peu voyant et relativement moins onéreux que les méthodes matérielles. Il faudra former les « profilers » si l'on veut étendre ce système, lequel est d'ailleurs largement pratiqué sur les vols de la compagnie El Al, et plus particulièrement à l'aéroport de Tel-Aviv.

Néanmoins, quelles que soient les méthodes employées, il y aura toujours des failles. Le risque zéro n'existe pas. Les progrès en matière de sûreté se paient de plus en plus cher, non seulement en argent, mais en intrusion dans la vie personnelle des individus. Il faudra bien trouver un équilibre entre le désir légitime de voyager en toute sécurité et les inconvénients que cela entraîne.

Les excès du principe de précaution

Il faut tout de même dire un petit mot sur l'attitude des pouvoirs publics lors de l'éruption du volcan Eyjafjöll au mois d'avril 2010. Une décision administrative brutale, prise au vu de calculs d'experts britanniques, certes mandatés à cet effet, a fait fermer l'espace aérien européen, créant ainsi une pagaille sans nom dans le monde entier et des pertes colossales pour les compagnies aériennes. Or il n'est venu à l'idée d'aucun des dirigeants de faire les tests nécessaires afin de contrôler la véracité des hypothèses ayant conduit à cette mesure radicale. Cela est d'autant plus curieux qu'il existe des avions météo parfaitement équipés pour réaliser cette opération et qu'on ne les a pas utilisés. Les compagnies aériennes elles-mêmes ont proposé à plusieurs reprises, sans succès, de faire des vols tests dans les zones incriminées. Les vols finalement autorisés ont d'ailleurs montré la parfaite innocuité des particules de cendres suspectes. Enfin, personne n'était finalement capable de prendre une décision de réouverture de l'espace aérien, tous les intervenants à la décision se retranchant derrière les directives européennes alors que chaque État défend encore jalousement son espace aérien. Cerise sur le gâteau, certains vols non commerciaux étaient autorisés, en particulier pour les hélicoptères, alors que les vols payants avec passagers étaient refusés.

Bref, tout cela n'a été qu'un immense gâchis et l'on se demande bien qui finalement paiera la note, car on ne peut pas imaginer que les compagnies aériennes passeront par le compte de pertes et profits les dommages qui leur ont été occasionnés à la suite de décisions purement administratives. Je ne serais pas surpris qu'en fin de compte les États soient condamnés à dédommager les plaignants.

5

LA GESTION DES « SLOTS » OU LE MOYEN DE CONTRÔLER LES GRANDS AÉROPORTS

> « Je passe mon temps entre New York et Angoulême.
> — Je ne connais pas Angoulême.
> — C'est moins vivant que New York. »
>
> Extrait du film *La Totale*

Le transport aérien s'est développé plus vite que les infrastructures au sol. Ces dernières n'ont pas pu être multipliées et, par voie de conséquence, chaque grande plate-forme a été contrainte d'accueillir plus de mouvements et donc de subir des embouteillages au moins aux horaires les plus demandés par les compagnies. Le constat est simple et imparable sauf à arrêter le développement de cette activité. Les conséquences sont cependant complexes.

Pourquoi des « slots » ?

L'accès au marché ne peut se faire que par les grands aéroports. Il est impensable de traiter le marché londonien sans opérer depuis les aéroports de Heathrow et de Gatwick, ou le marché parisien sans présence à Roissy-Charles-de-Gaulle et Orly. Or ces aéroports ont beaucoup de peine à suivre la croissance du transport aérien. Par définition, ils ne sont pas extensibles et, surtout, les populations riveraines acceptent de moins en moins les nuisances, sonores en particulier. Il est d'ailleurs paradoxal de voir les maires des communes riveraines des grands aéroports accorder des permis de construire pour ensuite se plaindre des nuisances auprès des autorités aéroportuaires. Mais c'est un fait et il faut bien en tenir compte. Le transport aérien doit en effet être accepté par les populations.

Ce constat a d'ailleurs été exploité pour créer une taxe dite TNSA (taxe sur les nuisances sonores aériennes) payée par les compagnies aériennes selon une formule complexe qui fait intervenir, outre le taux de la taxe fixé par aéroport, la tranche horaire, le poids de l'avion au décollage et la vétusté de sa motorisation.

Pour traiter cette délicate question, les régulateurs ont créé des limites aux mouvements d'avions. Tout d'abord, les vols de nuit ont été interdits sur les aéroports les plus proches des villes : c'est en particulier le cas d'Orly. Mais cela s'est révélé insuffisant et il a bien fallu limiter les mouvements même pendant la journée pour au moins deux bonnes raisons : d'abord, les installations ne permettent pas de traiter tout le trafic, surtout aux heures de pointe ; ensuite, les riverains n'acceptent pas un trop grand nombre de mouvements dans un temps limité.

Pourtant, le transport aérien a fait des progrès considérables dans la maîtrise du bruit. Les appareils actuels les plus courants – Boeing 737 de dernière génération ou Airbus de la famille 320 – emportent le même nombre de passagers que les appareils de la génération précédente, Boeing 727 par exemple, mais ils font cinq fois moins de bruit. Il serait donc, en principe, possible de mettre cinq fois plus de mouvements d'avions pour la même nuisance. Mais la perception des riverains ne se traduit pas en équations et un avion qui passe au-dessus de votre tête est perçu comme agressif, même si en réalité il l'est peu.

Voilà donc pourquoi l'accès aux grands aéroports a été réglementé et, pour effectuer un vol, il faut aujourd'hui obtenir une autorisation ou disons un créneau de décollage et d'atterrissage dont l'appellation professionnelle est le « slot ».

Un moyen efficace de contrôler la concurrence

En théorie, l'accès aux « slots » est neutre. Cela signifie que chaque compagnie aérienne a des chances égales d'obtenir ces fameux créneaux sans lesquels il est impossible d'opérer. Mais l'affaire n'est pas si simple et de nombreux artifices permettent de biaiser ces accès pour protéger, en règle générale, le transporteur majeur. Toutes les grandes compagnies, quel que soit le pays, essaient par tous les moyens de garder la meilleure position. Cela est d'ailleurs bien compréhensible à la condition que le public y trouve son compte… et ce n'est pas toujours le cas.

L'affaire est d'ailleurs plus complexe en Europe qu'aux États-Unis, où les « slots » sont une valeur marchande. Par conséquent, les transporteurs peuvent acquérir ces droits de décollage et d'atterrissage comme un pas-de-porte. Cela a au moins le mérite de laisser l'arbitrage au marché. Ce n'est pas le cas en Europe. Les « slots » ne sont pas à vendre et donc pas à acheter non plus. Ils sont attribués selon les pays par des régulateurs « neutres ». En France, ce rôle revient au COHOR, comité où siègent les représentants de l'État, d'Aéroports de Paris, d'Air France, d'easyJet et de quelques compagnies de moindre importance. Au total, il est clair que cet organisme est dominé par les grands opérateurs et régulateurs français. Or il se trouve que certaines plates-formes sont plus intéressantes à opérer que d'autres. C'est en particulier le cas d'Orly par rapport à Charles-de-Gaulle, pour ne parler que de Paris.

Le cas exemplaire d'Orly

Cet aéroport est situé tout près de Paris: 12 kilomètres contre les 25 kilomètres qui séparent Paris de Charles-de-Gaulle. Il est de plus situé dans la zone de chalandise principale, car 60 % de la clientèle parisienne du transport aérien habite au sud de la Seine. Enfin, son architecture et la disposition des aérogares par rapport aux pistes sont infiniment plus pratiques qu'à Roissy. Bref, tout concorde pour faire d'Orly l'aéroport le plus pratique aussi bien pour les clients que pour les opérateurs.

Or les statistiques sont imparables: Orly stagne alors que Charles-de-Gaulle devient un monstre de plus en plus difficilement gouvernable. Comment en est-on arrivé là?

Par décret du 6 octobre 1994 signé par le ministre des Transports de l'époque, Bernard Bosson, le nombre de mouvements à Orly est limité à 250000 par an alors que la capacité de la plate-forme est de 400000 mouvements. Pourquoi cela? Si l'on interroge les régulateurs, la réponse est unanime: il convient de protéger les riverains, lesquels ont parfois eu des réactions violentes, en envahissant des aérogares et des pistes par exemple. Tout cela est compréhensible, mais la situation est identique à Charles-de-Gaulle, or cette plate-forme n'est pas traitée en nombre de mouvements mais en quotas de bruit. En clair, les compagnies ne doivent pas produire plus de décibels d'une année sur l'autre. Cela a le mérite de limiter les nuisances à un niveau connu et de profiter des améliorations apportées aux appareils pour augmenter les mouvements.

Pourquoi donc la plate-forme d'Orly n'est-elle pas traitée de la même manière? Il convient de se remettre dans le contexte où le décret a été pris. C'était le moment où Air France connaissait les plus grandes difficultés. Disons-le franchement, sans l'injection par l'État de 22 milliards de francs en 1992, la compagnie aurait dû déposer son bilan et rejoindre la cohorte des grands transporteurs disparus. Le redressement spectaculaire a été réalisé par Christian Blanc et une équipe venue de l'extérieur d'Air France, en transformant radicalement le fonctionnement de la compagnie. La stratégie a consisté à ramener tous les vols possibles sur Charles-de-Gaulle afin de créer une énorme plate-forme de correspondances appelée « hub » dans le jargon aérien. Cela signifiait l'abandon de certaines liaisons opérées sur Orly. Mais, la nature ayant horreur du vide, il était clair que tout espace disponible à Orly allait être occupé par des compétiteurs avec d'autant plus d'avidité que la concurrence dans le marché intérieur français était devenue effective depuis peu de temps.

Comment empêcher par exemple British Airways d'installer une base profitable à Orly et ainsi de cannibaliser le marché domestique d'abord, mais surtout le marché européen, si juteux? La crainte était bien là… et elle l'est d'ailleurs toujours, même si le nom du concurrent le plus dangereux a changé pour devenir easyJet. Mais Christian

Blanc avait de l'entregent, de l'énergie et de la détermination. Une pression constante a été faite sur les autorités aéronautiques et les responsables d'Aéroports de Paris. C'est ainsi que le décret de limitation des mouvements à 250 000 mouvements a été pris… et il est toujours en vigueur en dépit du formidable développement technologique enregistré depuis cette période et la modernisation des flottes aériennes, qui produisent infiniment moins de bruit qu'à l'époque.

Cela a également conduit à faire arbitrairement déménager la compagnie AOM d'Orly Ouest vers Orly Sud, aérogare alors réputée moins performante, afin de laisser à Air France la position dominante à Orly Ouest, et cela en dépit de l'opposition farouche et tout aussi déterminée de Marc Rochet, alors PDG d'AOM, qui a d'ailleurs perdu son poste dans la bagarre. Son successeur, Alexandre Couvelaire, avait infiniment moins de savoir-faire, et ce qui devait arriver est arrivé: le grand fiasco d'AOM et la disparition du pôle principal alternatif à Air France. Petites causes, grands effets.

Cette discrimination de traitement entre Orly et Charles-de-Gaulle n'est pas près de s'arrêter. La crainte aujourd'hui est de voir easyJet s'engouffrer dans tous les créneaux rendus disponibles si Orly était traité avec des quotas de bruit. La compagnie dispose en effet d'une flotte moderne d'Airbus A319 tout à fait capable de desservir avec les cadences souhaitables les grandes métropoles européennes. Et cela est tout simplement inacceptable pour Air France dont le modèle économique repose en grande partie sur la desserte européenne.

Ajoutons pour clore cette question que les pratiques de toutes les grandes compagnies européennes sont identiques.

Certes, toutes ne disposent pas d'une protection des pouvoirs publics aussi rapprochée qu'Air France, mais toutes défendent âprement leur pré carré et cela est bien compréhensible de leur point de vue. Reste que le consommateur n'y trouve pas son compte.

Les petits trucs pour gérer les positions acquises

Il existe une disposition bien pratique pour conserver des créneaux horaires alors que l'on n'en a pas besoin, mais sait-on jamais, c'est « le droit du grand-père ». Une compagnie perd ses créneaux si elle ne les utilise pas au moins à 80 % dans l'année. Ils reviennent alors dans le pot commun et 50 % des « slots » disponibles sont attribués aux nouveaux entrants. Il existe cependant un certain nombre d'artifices pour garnir les 80 %.

Le plus simple consiste à faire opérer ces créneaux par des appareils très petits. Un Beechcraft 1900 de 19 sièges occupe le créneau aussi bien qu'un Boeing 747 de 500 sièges. Il y a ensuite les accords de « code share » qui consistent à mettre plusieurs codes compagnies sur le même vol. Il y a l'utilisation des filiales, bien pratiques pour garder les « slots » de la maison mère. Ainsi a-t-on pu voir récemment Air France créer une filiale « charter » puis « low cost » appelée Transavia afin d'empêcher un concurrent d'accéder aux « slots » libérés par Air France à Orly lors de l'arrivée du TGV Est.

Et puis il y a les petits arrangements entre amis. Je n'ai pas d'appareil disponible pour opérer mon « slot » et je risque de le perdre. Je vais chercher une compagnie amie disposant d'un avion et nous opérerons alors en partage de codes.

Au fait, combien vaut un « slot » ?

En théorie, rien du tout en Europe puisque les fameux créneaux sont mis à la disposition des compagnies par les autorités compétentes, lesquelles sont différentes d'un pays à l'autre. En réalité, bien malin serait celui qui pourrait dire à qui appartient vraiment un « slot », car s'il est mis à la disposition des opérateurs, il faut bien qu'il soit à l'origine la propriété d'une entité administrative. Le plus grand flou existe encore sur cette question, jusqu'au moment où la Communauté européenne autorisera les transactions commerciales entre utilisateurs.

C'est ce qui se passe aux États-Unis où les créneaux s'échangent entre les opérateurs contre espèces sonnantes et trébuchantes. Le prix d'échange est d'ailleurs loin d'être négligeable, surtout si le créneau se situe dans une plage horaire très demandée. Il peut alors atteindre 2 millions de dollars. Une étude européenne estime d'ailleurs à plus de 3 millions d'euros un créneau convenablement placé à l'aéroport de Heathrow.

On voit dès lors l'intérêt que les grands transporteurs ont à conserver par tous les moyens leurs « slots », ne serait-ce que dans l'attente d'une éventuelle ouverture du marché. Une compagnie moyenne détenant cinquante « slots » à 2 millions d'euros, cela fait un très bon actif et cela permettrait sans doute aux grands transporteurs, détenteurs de plusieurs centaines de « slots », une sérieuse revalorisation de leurs bilans.

6

UN ESPACE AÉRIEN SOUS-EXPLOITÉ ET INORGANISÉ

> « Peu d'êtres sont capables d'exprimer posément une opinion différente des préjugés de leur milieu. La plupart des êtres sont même incapables d'arriver à formuler de telles opinions. »
>
> Albert Einstein

Le transport aérien a organisé lui-même sa propre pénurie, particulièrement en Europe. Revenons un instant aux origines du transport aérien moderne, c'est-à-dire à la fin de la Seconde Guerre mondiale. Les promoteurs de l'OACI (Organisation de l'aviation civile internationale) et de l'IATA (International Air Transport Association) ont eu immédiatement une vision mondiale. Ils ont organisé le système afin de faciliter les échanges entre les compagnies et ils ont standardisé les pratiques. Ainsi, les mêmes règles s'appliquent en Australie, au Canada et en France.

Il n'en a pas été de même pour le contrôle aérien. Les États, jaloux de leurs prérogatives et pris dans le contexte de la guerre froide, ont tenu à garder la main sur leur espace aérien.

L'atomisation de l'espace aérien européen

Les conséquences les plus néfastes se sont manifestées dans la gestion de l'espace aérien européen. L'Europe est composée de tout petits États et chacun détient les mêmes prérogatives. Ainsi, chacun a tenu à gérer lui-même son espace aérien. Cela pouvait à la rigueur être concevable avec des appareils dont la vitesse était inférieure à 400 km/h, ce qui était la règle jusqu'à l'arrivée des jets, mais la situation n'a pas changé pour autant aujourd'hui.

Et le petit et très dense espace aérien européen est ainsi divisé en 41 centres de contrôle, 31 systèmes nationaux qui emploient 18 fournisseurs de matériel pour 22 systèmes de contrôle différents dans 30 langages de programmation. Cet espace aérien n'appartient d'ailleurs pas entièrement à l'aviation civile, l'aviation militaire en occupe une très grande partie, même si sa part a diminué au fil du temps pour passer au-dessous de 50 %.

Étonnez-vous après cela que la performance ne puisse être au rendez-vous !

Un énorme effort est certes consenti par Eurocontrol qui tente d'unifier tout cela avec un projet appelé SESAR, mais cette organisation se heurte aux petits particularismes nationaux, chaque nation voulant défendre son système. C'est pour le moment le sujet majeur. Il faut que les États abandonnent une part de leur souveraineté au profit d'un organisme européen qui pourra définir des méthodes communes, lesquelles se révéleront d'une efficacité bien supérieure à celle que nous subissons. Mais cela entraînera sûrement la fermeture d'un certain nombre de centres de contrôle et… ce n'est pas gagné. Non seulement les corporatismes des contrôleurs sont très forts, mais les méthodes pour les défendre sont aussi très radicales. L'appel à la grève est une menace que personne ne peut négliger et jusqu'à présent les États ont toujours cédé aux revendications des contrôleurs.

Ce n'est pourtant pas faute d'avoir essayé, et particulièrement en France en 1973. Les compagnies aériennes excédées des grèves à répétition des contrôleurs ont poussé l'État à remplacer les contrôleurs civils par des militaires. Après tout, ceux-ci faisaient le même travail avec des appareils beaucoup plus rapides et disparates que les contrôleurs civils. Seulement, un grand malheur est arrivé.

Le 5 mars 1973, alors que le contrôle aérien était réalisé par les militaires dans le cadre d'un plan appelé Clément Marot, un DC9 d'Iberia et un Coronado de la Spantax sont entrés en collision au-dessus de Nantes, entraînant la mort des 61 passagers et 7 membres d'équipage de l'appareil d'Iberia. Par miracle, le Coronado de la Spantax a réussi à atterrir sur la base de Cognac alors même que son avion était très endommagé. L'enquête a rapidement conclu à un défaut dans le contrôle aérien militaire. En conséquence, le plan Clément Marot a été immédiatement annulé et... satisfaction a été donnée aux contrôleurs civils.

Depuis lors, ces derniers ont toujours imposé leur volonté aux autorités aéronautiques françaises, fût-ce à coups de grèves répétées.

Des routes aériennes peu performantes

Je sais bien que dès que l'on parle en public de ce genre de sujet on est immédiatement taxé au mieux d'une grande ignorance, au pire d'irresponsabilité au regard de la sécurité du transport aérien. Est-ce à dire qu'il n'y a rien à faire ? Comment expliquer qu'en arrivant de Zurich il soit nécessaire de survoler Rouen pour se poser à Charles-de-Gaulle ? Le développement de l'informatique, l'utilisation massive des GPS, les nouveaux systèmes embarqués des avions ne conduisent-ils pas tout naturellement à la modification des routes aériennes ?

Certes, changer la gestion de l'espace aérien n'est pas une mince affaire, mais cela a été fait plusieurs fois par le passé, et non seulement c'est très efficace pour diminuer le temps de vol et par conséquent améliorer l'économie du transport aérien, mais c'est également un facteur déterminant pour diminuer les rejets de CO_2 dans l'atmosphère.

Soyons un peu optimistes. Ce qui n'a pas pu être fait (ou très peu) pour la seule amélioration économique le sera très probablement sous la pression environnementale.

La jalousie des États

Nous avons parlé des conséquences technologiques de ce comportement. Celui-ci n'est d'ailleurs pas le privilège de la France, tous les États européens le partagent. Comment abandonner ce qui a été votre justification pendant des années ? Car si le contrôle aérien européen veut devenir aussi performant que celui des États-Unis, il faudra consentir à des sacrifices considérables. Et d'abord abandonner cette idée si répandue que ce qui est fait dans un État est forcément ce qui peut être fait de mieux. Il faudra ensuite sacrifier nombre de postes de gestion et d'administration qui ne servent justement qu'à maintenir et défendre le statu quo actuel. Enfin, il conviendra d'harmoniser les fournisseurs de matériel et de logiciels. Ces fournisseurs sont de très grosses sociétés souvent nationales et qui envisagent difficilement de perdre des marchés très rentables. Ils disposent de moyens de pression considérables.

Bref, cette petite énumération montre la difficulté de l'exercice. D'autant plus qu'il faudra bien une décision et que celle-ci ne peut venir que du Conseil européen, c'est-à-dire la réunion des chefs d'État. Pour le moment tout au moins, chacun peut mettre son veto en arguant que la gestion propre de son espace aérien est vitale pour sauvegarder les intérêts majeurs de la nation.

Il faudra sans doute encore un long cheminement. Seul un enjeu supérieur comme le réchauffement de la planète pourra faire bouger les immobilismes. Gardons confiance.

7

Nourrir les corporatismes

> « Ce qui est à moi est à moi et ce qui est à toi est négociable. »
>
> Expression courante

Comme tous les secteurs d'activité, le transport aérien a créé de puissants corporatismes. Ceux-ci sont d'autant plus efficaces que cette activité est très complexe et qu'elle nécessite la mise en coordination d'un grand nombre de métiers. Chacun d'entre eux peut bloquer la machine. Il n'est donc pas étonnant que les salariés se soient rapidement rendu compte de leur pouvoir. Ils en ont donc amplement profité pour leur plus grand bénéfice, et non pas celui de leurs clients. Les exemples sont hélas largement connus, car les réclamations non satisfaites se traduisent par des grèves dont les pouvoirs publics sont très conscients des nuisances qu'elles provoquent.

Les contrôleurs aériens

Une médiatisation récente a mis en lumière ce que les professionnels, et particulièrement les responsables de l'Aviation civile, savaient depuis très longtemps. Les contrôleurs de la navigation aérienne française ont des horaires de travail pour le moins peu contraignants. Certes, la durée moyenne de travail est déjà faible : quinze heures par semaine, mais gare à qui oserait y toucher. Leur temps de travail contractuel est du double, les effectifs sont particulièrement fournis et par conséquent il n'est pas nécessaire de garnir en permanence toutes les postes de travail[1].

Le métier nécessite une attention particulière, c'est vrai. Toute erreur peut avoir des conséquences tragiques, comme cela s'est passé à Zurich le 1er juillet 2002 où l'absence d'un contrôleur de l'aéroport a entraîné une collision entre un Tupolev de la compagnie Bashkirian Airlines et un Boeing de la compagnie DHL. Soixante et onze morts.

Cette situation n'est certes pas l'apanage de la France. Les Américains ont eu à faire face à des situations similaires mais le président Reagan a tranché dans le vif. Le 3 août 1981, le principal syndicat de contrôleurs américain, PATCO, déclenche la grève. Celle-ci est jugée illégale et Ronald Reagan donne quarante-huit heures aux grévistes pour reprendre le travail, faute de quoi ils seraient exclus de la fonction publique, en clair, licenciés. Deux jours plus tard, le 5 août, seuls 10 % des contrôleurs avaient repris le travail. Ronald Reagan a immédiatement licencié les 11 359 grévistes restants, prenant le risque d'une désorganisation presque totale du transport aérien, ce qui n'a pas manqué de se produire. Pendant près de six mois, le trafic a été considérablement diminué, les

1. Depuis le printemps 2010, les contrôleurs doivent « badger », ce qui empêche l'absentéisme. Leur mauvaise humeur se traduit par une grève du zèle latente qui ralentit encore le trafic aérien.

cadres et les militaires ont pris le relais des contrôleurs licenciés pendant que l'on formait de nouveaux contrôleurs à vitesse accélérée. Depuis, les choses sont rentrées dans l'ordre et… on n'a plus entendu parler de grève aux États-Unis.

Faudra-t-il en venir à de pareilles extrémités en France ? Il est à craindre que le public excédé par ce qu'il faut bien appeler une défense excessive des privilèges ne demande, et donc n'obtienne, que cette estimable corporation soit amenée à se réformer en profondeur. Après tout, en Grande-Bretagne et en Allemagne, le contrôle aérien est confié à des sociétés indépendantes dont certaines sont en partie privatisées, et l'on n'a pas pour autant constaté un manquement à la sécurité supérieur au moins à celui, tout à fait remarquable d'ailleurs, enregistré en France.

Il n'en demeure pas moins que, si les contrôleurs de la navigation aérienne sont si attachés à défendre leur situation, c'est que celle-ci est très enviable. En échange d'un temps de travail limité et organisé par les salariés eux-mêmes, la rémunération est de 2400 € bruts en début de carrière à 4300 € bruts en fin de carrière… auxquels s'ajoutent une série de primes dont le montant est, si j'en crois les sites Internet de référence, équivalent au salaire brut. En fait, le montant des primes et leur liste sont encore un secret bien gardé. Toutefois, ce ne doit pas être négligeable car, selon le rapport de la Cour des comptes, le montant des frais de personnel de la DGAC s'élève à 1,495 milliard d'euros pour 12000 agents, ce qui fait, si je compte bien, 124500 € par agent et par an, charges sociales comprises, soit un peu plus de 10000 € par mois.

Les syndicats des pilotes

Nous voilà au cœur du problème, non pas tant celui qui est lié aux aspects économiques et à la gestion que celui qui touche à la difficulté de faire évoluer les mentalités dans le transport aérien. Tous les patrons de compagnies aériennes sont unanimes à exprimer les difficultés qu'ils ont eues par le passé et qu'ils continuent à avoir avec cette catégorie de personnel. Il est impensable de faire voler des avions sans pilotes et ces derniers, bien que très minoritaires dans l'effectif d'une compagnie aérienne (4000 à Air France sur un total de 73000 salariés), sont très conscients de leur pouvoir. Et ils n'hésitent jamais devant tous les moyens à leur disposition et d'abord l'arme absolue que constitue la grève, quitte à mettre leur compagnie en danger, voire à la faire mourir.

Les exemples sont nombreux, permanents et persistants. Prenons-en quelques-uns.

Eastern Airlines : cette grande compagnie intérieure américaine des années 1980 était frappée de plein fouet sur sa base principale, Miami, par de féroces concurrents « low cost ». Le propriétaire d'alors, Frank Lorenzo, a eu beau expliquer que pour sauver la compagnie il fallait supprimer 4000 postes de travail, il a eu pour seule réponse une grève des pilotes de l'ALPA, le syndicat majoritaire des pilotes de lignes américains, jusqu'au moment où la compagnie a dû cesser son exploitation. Et les pilotes se sont retrouvés au chômage.

Alitalia : l'histoire est plus proche de nous et plus récente. Les derniers managers de la compagnie ont tout tenté pour fléchir la volonté des syndicats de pilotes afin de modifier en profondeur les contrats de travail. Devant l'impossibilité d'aboutir, Alitalia a été liquidée et remplacée par la CAI, laquelle n'a rembauché qu'un tiers du personnel, pilotes compris.

Air France : le SNPL (Syndicat national des pilotes de ligne), mené par son président Jean-Charles Corbet, n'a pas hésité afin d'obtenir des avantages matériels, pour les pilotes uniquement, à faire grève en juin 1998, à la veille du Mondial de Football organisé par la France.

En fait, cette catégorie de personnel se considère comme totalement à part, quelle que soit la compagnie aérienne. Les PNT (personnels navigants techniques) sont les seigneurs du transport aérien et considèrent que cette activité est à leur service et non pas l'inverse. Et ils ont bien raison car ils sont, et de loin, les mieux payés : entre 42 000 € brut annuels pour un débutant et 270 000 € par an pour un commandant de bord gros-porteur en fin de carrière, et cela pour un temps de travail qui évolue de 50 heures de vol par mois pour les pilotes de moyen-courrier à 90 heures de vol par mois pour les pilotes de long-courrier. Certes, le métier comporte de grandes responsabilités, mais chaque fois que celles-ci sont invoquées lors d'un incident, les familles des pilotes font suffisamment pression pour que les sanctions ne soient pas appliquées. Autrement dit : je suis bien payé parce que je suis responsable, mais je refuse d'assumer cette responsabilité !

À partir de ces constats, il ne sert à rien de demander des efforts à cette catégorie de personnel, fût-ce pour sauver un transporteur en difficulté. On voit mal alors comment les transporteurs traditionnels pourront faire les ultimes gains de productivité qui seuls leur permettront de résister à l'arrivée des transporteurs « low cost ».

Pendant des années, les personnels d'Alitalia, comme d'ailleurs ceux de Swissair, étaient persuadés que, quel que soit le niveau de pertes de leur compagnie, celle-ci était immortelle, car elle devait être soutenue par les pouvoirs publics. On a vu le résultat.

Et tous les autres petits avantages si discrets !

Personne ne s'avise dans ce milieu de divulguer la liste des petits avantages si appréciés par les personnels, y compris les personnels au sol.

D'abord, à postes et niveaux de qualification égaux, les salaires sont sensiblement supérieurs à ceux des sous-traitants. Il en est de même des conditions de retraite.

Mais l'avantage le plus apprécié est sans doute la capacité de voyager à des tarifs extrêmement préférentiels. C'est ce que l'on appelle l'accès aux GP. Chaque employé des compagnies aériennes peut acquérir autant de billets qu'il le souhaite auprès de sa compagnie en payant seulement 10 % du prix du billet, plus les taxes non comprises dans le prix. Certes, pour ce tarif, aucune réservation n'est admise, mais il existe une préinformation sur l'état des vols qui rend le voyage plus confortable.

À cette base, il convient d'ajouter des avantages supplémentaires valables sur certaines compagnies uniquement, comme celui qui consiste à faire profiter sa famille directe d'un ou plusieurs billets acquis dans les mêmes conditions, mais également à bénéficier plusieurs fois par an de voyages avec 100 % de réduction et avec réservation. Air France a même découvert pendant l'été 2009 un trafic de places à réduction, lesquelles étaient vendues à l'extérieur de l'entreprise par des employés indélicats, qui ont d'ailleurs été sanctionnés.

Et puis il y a les petits arrangements à bord. On se fait identifier par le chef de cabine et celui-ci peut vous surclasser, dans la mesure des sièges disponibles, évidemment.

En outre, ces facilités n'existent pas seulement avec sa propre compagnie aérienne, mais auprès de la plupart des grands transporteurs. Autrement dit, un salarié d'Air France bénéficie de ces billets à réduction auprès de tous ses concurrents : British Airways, Lufthansa, American Airlines... à charge de revanche bien entendu.

Ces avantages ne sont évidemment pas taxables, en France tout au moins, et ils n'entrent pas dans les avantages en nature. De timides tentatives ont été faites par les pouvoirs publics pour récupérer une partie de cette niche fiscale, mais les salariés des compagnies aériennes sont vent debout contre tout changement et brandissent avec grande célérité la menace de grève.

Et puis si une telle mesure était appliquée aux salariés du transport aérien, il faudrait en faire autant à la SNCF !

8

La course au gigantisme

> « Une grenouille vit un bœuf
> Qui lui sembla de bonne taille
> Elle, qui n'était pas grosse en tout comme un œuf,
> Envieuse, s'étend, et s'enfle et se travaille
> Pour égaler l'animal en grosseur… »
>
> Jean de La Fontaine

Comme dans tous les secteurs d'activité, la croissance est un facteur de reconnaissance, sinon de succès. Le transport aérien est particulièrement sensible à ce phénomène, car il est par essence mondial; or la plupart des compagnies ont été créées par les États. Elles ont compensé leur manque de présence sur tous les marchés par les accords « interlines ». Mais elles ne se sont pas arrêtées là. Une véritable boulimie s'est emparée des dirigeants et la course au gigantisme a été lancée dès que la libéralisation du transport aérien a été autorisée aux États-Unis en 1978.

Les « hubs »

Un début en fanfare aux États-Unis

C'est l'invention des compagnies aériennes et en particulier d'American Airlines. Le concept est simple, mais l'application terriblement complexe. Imaginons que vous disposez d'une flotte de deux cents avions. Sur le continent américain, avec chaque appareil vous réalisez quatre vols par jour, soit deux allers-retours. Si vous souhaitez desservir les destinations cibles six fois par jour, ce qui est une moyenne aux États-Unis, vous pourrez avec votre flotte avoir un réseau de soixante-dix lignes au mieux. C'est bien, mais on peut faire beaucoup mieux.

Au lieu de faire du « point à point » avec toutes les lignes, vous les faites toutes arriver à un point central conçu pour réaliser des correspondances très faciles et rapides. Certes, cela oblige à avoir des « plages de correspondance », en clair des heures de rendez-vous où tous les appareils se posent presque en même temps et décollent au bout d'une heure. C'est ce qu'a réalisé très tôt American Airlines à Dallas Fort Worth. Au lieu de faire un vol direct entre Cincinnati et Denver par exemple, vous faites un Cincinnati-Dallas et un Denver-Dallas. Et vous répétez l'opération sur toutes vos destinations. Ainsi, avec soixante-dix lignes, vous pouvez desservir 70 × 70 combinaisons de trafic différentes, soit 4900, et cela trois ou quatre fois par jour ! Formidable avantage pour les clients qui se voient offrir par leur compagnie non pas une seule destination mais soixante-dix, tout cela au prix d'un transit d'une heure en moyenne au point intermédiaire.

C'est ainsi qu'American Airlines remplit ses avions avec des courants de trafic très faibles, de l'ordre d'un ou deux passagers par vol et par destination, le tout multiplié par le nombre de destinations.

Encore faut-il disposer des infrastructures adaptées. Les Américains ont de l'espace et la capacité de mettre des moyens conformes à leurs objectifs. Ils ont donc créé d'immenses aéroports conçus pour être des plates-formes de correspondance. Cela signifie avoir des portes d'embarquement en nombre suffisant, et directement reliées à l'avion par des passerelles, des aires de circulation bien conçues pour limiter le temps de roulement, des systèmes de tri des bagages sophistiqués et automatisés, une signalétique sans défaillance.

Et la réussite ne s'est pas fait attendre. Très rapidement, les États-Unis se sont équipés de « hubs » de plus en plus performants, tous dominés par un transporteur principal : Atlanta pour Delta Air Lines, Dallas Fort Worth pour American Airlines, Chicago O'Hare pour United Airlines, pour ne citer que les principaux.

La copie par les Européens

Les Européens sont longtemps restés réticents avant de se laisser convaincre. Ils ne disposaient pas des infrastructures adaptées et les compagnies pensaient que ce modèle ne conviendrait pas aux faibles distances européennes. Mais, là encore, l'économie a prévalu après la libéralisation du ciel européen. Tous les grands transporteurs se sont alors convertis à une exploitation en forme de « hub », car c'était au fond le seul moyen pour drainer la clientèle long-courrier en provenance des grands marchés européens. Dix ans après les États-Unis, l'Europe s'est progressivement équipée de « hubs », mais avec un terrible handicap : le manque d'espace.

À cet égard, l'aéroport de Roissy, avec ses 3 200 hectares, détenait un avantage considérable. Il pouvait croître non seulement en nombre de terminaux, mais également en pistes et parkings. Bien entendu, il a fallu mentir aux populations environnantes. Pour faire « passer » le doublement des pistes, de deux à quatre, Jean-Claude Gayssot, ministre des Transports, s'est solennellement engagé à ce que Roissy ne traite pas plus de 56 millions de passagers, ce qu'il savait pertinemment faux. Mais les promesses des hommes politiques n'engagent que ceux qui les croient, n'est-ce pas ? Un an après la mise en service de la quatrième piste, le trafic dépassait déjà le plafond. Il est maintenant supérieur à 60 millions de passagers et se dirige allègrement vers les 100 millions, ne nous y trompons pas.

La situation est beaucoup plus délicate à Londres où le principal aéroport, Heathrow, ne peut s'étendre et sa superficie est un tiers de celle de Roissy. La construction de nouveaux terminaux ne résout que partiellement l'engorgement du trafic qui doit s'écouler sur deux pistes uniquement. La célérité des contrôleurs aériens britanniques ne compense pas le manque d'infrastructures au sol et la multiplication des terminaux ne fait qu'accroître la demande de transport et donc les embouteillages potentiels.

L'Europe est très handicapée par son manque d'espace et seuls deux grands aéroports ont été construits dans les vingt dernières années : Munich et Athènes. Toutes les autres plates-formes ont été améliorées, complétées par de nouveaux terminaux, Francfort et Madrid par exemple, mais les possibilités d'expansion se heurtent aux populations riveraines. Disons-le franchement, les aéroports européens ne soutiennent pas la comparaison avec leurs homologues des continents américains et asiatiques, sauf en nombre de passagers.

Les autres continents s'équipent à toute allure

L'Asie s'est équipée plus récemment, portée par la formidable croissance du transport aérien sur ce continent. De tout nouveaux aéroports ont été construits à Séoul, Hong Kong, Ôsaka, Pékin, Shanghai, Bangkok, Singapour. Ils sont conçus pour une exploitation sous forme de « hubs » avec toutes les techniques modernes et le sens du service inné qui est l'apanage de ce continent. Seule l'Inde peine encore à créer une infrastructure aéroportuaire digne de son marché en expansion continuelle.

Il existe une région dans le monde où ce concept de « hub » a été porté au bout de ses possibilités, il s'agit du golfe Persique. Les nouvelles compagnies créées de toutes pièces dans les années 1990-2000 ont vite compris qu'elles ne pouvaient pas compter sur leur marché local ou régional pour survivre. Il leur fallait récupérer du trafic dans des pays très éloignés. C'est ainsi qu'est né le concept du « hub » long-courrier sur long-courrier, contrairement aux « hubs » européens ou américains qui sont conçus pour drainer des populations relativement proches vers les long-courriers. Cela a naturellement poussé les transporteurs et les aéroports à développer une qualité de service de très haut niveau pour compenser l'inconvénient d'une étape intermédiaire. Et c'est une réussite, à tel point que nombre de voyageurs réguliers préfèrent faire un arrêt dans l'un des aéroports du Golfe plutôt que prendre un vol très long courrier sans escale, car l'arrêt dans ces aéroports est synonyme de détente et de bien-être.

Est-ce la fin des « hubs » ?

Comme tout modèle, celui-ci a grossi énormément au point de s'imposer comme la norme d'exploitation du transport aérien pour toutes les compagnies à vocation globale. Mais de nouveaux appareils arrivent sur le marché. Le gigantisme des avions semble se ralentir au bénéfice de la vitesse. Le nouveau Boeing Dreamliner n'est pas conçu pour une exploitation sous forme de « hub » mais pour retrouver les avantages du « point à point ». Il en est de même du futur Airbus A350 qui devrait arriver sur le marché en 2013. Les clients, de leur côté, supportent de moins en moins les contraintes de ces gigantesques ensembles où ils sont un peu perdus. Des aéroports de taille plus modeste retrouvent leur attractivité, car ils sont plus conviviaux. C'est en particulier le cas d'Orly par rapport à Roissy.

Cependant, la fin des « hubs » n'est pas encore programmée. Tout d'abord, les infrastructures existent et l'on ne peut pas les reconvertir d'un coup de baguette magique ; ensuite, l'arrivée d'avions très gros porteurs obligera les transporteurs à les alimenter, et il faudra pour cela continuer à importer des clients et ne pas compter uniquement sur le marché local.

Les alliances

Les accords entre les compagnies aériennes ne datent pas d'aujourd'hui. Dès le début des années 1950, les transporteurs ont échangé ce que l'on a appelé les accords « interlines » qui consistent à accepter mutuellement les titres de transport des partenaires choisis. La mondialisation est d'ailleurs l'une des grandes caractéristiques de ce secteur d'activité, ce qui n'est pas anodin ni habituel. Ce n'est par exemple pas le cas dans le secteur de l'hôtellerie. Mais les principaux transporteurs ne se sont pas arrêtés là. Cela a commencé par les accords de « code share » dont nous avons parlé par ailleurs et, progressivement, l'idée de la compagnie globale, intervenant dans tous les grands marchés mondiaux, a fait son chemin.

C'est ainsi que les alliances ont été créées. Toutes n'ont d'ailleurs pas réussi et l'échec du Qualifyer Group mené en fin des années 1990 par Swissair en est un exemple. Il reste maintenant trois très grands groupes : Star Alliance, Oneworld et SkyTeam. Chacun d'entre eux transporte entre 400 et 600 millions de passagers, opère plus de 3000 avions et dessert un millier de destinations dans 170 pays. Bref, ce sont des monstres à personnalités multiples car composés de plusieurs dizaines de transporteurs (25 pour Star Alliance) qui ont chacun leur propre culture. Quelque 8 % des compagnies aériennes régulières sont membres d'une alliance et ces transporteurs représentent plus de 60 % du trafic mondial, c'est assez dire leur importance, et pourtant tout n'est pas si rose.

De gros avantages mais des inconvénients sérieux

Le principal attrait des alliances consiste à cumuler les « miles » attachés aux « frequent flyer programs » dans un ensemble beaucoup plus vaste que celui de chaque compagnie prise indépendamment. En fait, cela consiste à fidéliser les clients à l'intérieur d'un ensemble où ils trouveront toutes les destinations dont ils ont besoin. Ce n'est pas rien et, dans l'ensemble, la fidélisation marche.

Mais si elle marche, elle fige les positions, et alors il est d'autant plus difficile de conquérir des parts de marché. Ce qui est pour les compagnies une sécurité devient alors un handicap. Or les responsables commerciaux des transporteurs sont unanimes. Tous expliquent comment avec les alliances ils ont pu améliorer leur part de marché. C'est un peu incompréhensible sauf à ce que les clients se démultiplient, ce qui n'est pas le cas. En fait, on retrouve dans les alliances le poids des FFP. Que se passera-t-il lorsque les passagers ne considéreront plus les avantages liés aux primes allouées par les FFP ? Cela peut arriver à tout moment, y compris et surtout en période de crise, sous la pression des entreprises, par exemple, qui n'accepteront plus de payer des billets plus chers pour les bénéfices personnels de leurs salariés.

Car tout n'est pas rose à l'intérieur d'une alliance et les luttes pour la conquête des différents marchés est farouche. Prenons un petit exemple. Lufthansa et United Airlines sont deux acteurs majeurs de la Star Alliance. Pour l'un et l'autre, les routes transatlantiques constituent une part importante de leur trafic et de leur résultat. Or toutes deux opèrent sur le marché français, en particulier en province. Les équipes commerciales de l'une et l'autre des compagnies se livrent un combat acharné : qui pour faire transiter les clients par Paris, ce qui avantage United Airlines, qui pour les amener via Francfort, ce qui, bien entendu, est au profit de Lufthansa. Évidemment, ce qui se passe à petite échelle dans les provinces françaises se déroule de la même manière dans le monde entier.

Et ne croyez pas que cela ne coûte rien. Le maintien d'une alliance nécessite une débauche de moyens en personnel, d'énergie de la part des promoteurs et une impressionnante liste de réunions de coordination entre les transporteurs deux à deux et en assemblées plénières. Le tout constitue une charge que la plupart des compagnies aériennes n'isolent pas. Certes, on pourra trouver çà et là des « synergies », mot magique pour camoufler d'hypothétiques gains de productivité, mais celles-ci sont encore mal identifiées. En tout cas, elles sont rarement explicitées et chiffrées.

Vers la fin des alliances ?

Cela ne semble pas être en vue. Tant que les FFP seront considérés comme l'outil de commercialisation majeur, il y a peu de chances que les compagnies se privent des alliances. Néanmoins, 92 % des compagnies aériennes n'en font pas partie et, a priori, elles n'ont pas de plus mauvais résultats que les grands transporteurs. L'appartenance à un grand ensemble n'a pas empêché les plus grands transporteurs de déposer leur bilan. C'est ce qui est arrivé notamment à United Airlines et Delta Air Lines. Seule American Airlines, parmi les géants, y a échappé jusqu'à maintenant. Mais c'est au prix de remarquables acrobaties de gestion, notamment par la vente de « miles » auprès de leurs très gros clients pour faire de la trésorerie.

Tant que le modèle actuel de gestion du transport aérien perdurera, les alliances conserveront leurs avantages et leurs inconvénients bien réels.

Les concentrations ou le syndrome de « Sumo Airlines »

Décidément, je n'arrive pas à comprendre cette boulimie qu'ont les compagnies aériennes les unes envers les autres. Pourquoi cette volonté de consolidation, pourquoi cette fringale cannibale? En quoi une très grosse compagnie a-t-elle plus de chances de survivre qu'une petite?

On peut certes imaginer la fascination du « sumo ». Plus je suis gros, plus j'ai des chances de pousser mon adversaire en dehors du cercle et donc de l'éliminer. Et c'est ainsi que l'on voit des transporteurs dont la seule apparente stratégie consiste à grossir.

Alors on explique doctement tous les avantages de la grosseur. D'abord les inévitables synergies. Que ne leur fait-on pas dire? « Et nous allons unifier nos achats de carburant, et nous allons acheter des avions ensemble, et nous allons mettre en commun nos infrastructures. » Oui, tout cela est compréhensible, mais combien coûte l'unification des systèmes informatiques, combien coûtent les licenciements inévitables de personnel, et puis à la fin combien coûte la gestion d'ensembles si démesurés?

Où s'arrêtera-t-on?

Nous voulons transporter 50 millions de passagers… non, nous voulons 75 millions…, ce n'est pas assez, nous voulons 100, 120, 150, 200 millions de passagers! Nous voulons 200, 300, 500… 1000 avions, et pourquoi pas 5000? Il nous faut 30000 salariés, non, il nous en faut 50000, 100000, 150000!

Et puis avec cela nous contrôlerons tous les marchés, nous dicterons notre loi tarifaire, nous imposerons nos prix d'achat, nous déciderons de notre distribution. Bref, ce sera l'âge d'or du transport aérien.

Comme le sumo, nous resterons les seuls dans l'arène… et nous aurons gagné.

Et comme les sumos, nous mourrons d'une embolie subitement, pendant que les petits et plus agiles se seront adaptés aux nouvelles conditions.

Les dinosaures ont disparu mais les insectes ont parfaitement résisté.

Les concentrations n'ont pas fait diminuer le nombre de compagnies

Nous avons assisté à d'innombrables fusions et rachats de compagnies depuis la fin des années 1970. De très grandes « majors » américaines ont été rachetées par d'autres: Western Airlines par Delta Air Lines, TWA par American Airlines, plus récemment US Air par America West Airlines, sans compter les fusions entre transporteurs plus ou moins réussies. On se rappelle encore avec quelle boulimie le PDG de Swissair Philippe Brugisser souhaitait agglomérer les compagnies européennes dans le Qualifyer Group, et comment tout cela a lamentablement échoué. On pourrait imaginer avec cette pratique que le nombre de compagnies aériennes aurait singulièrement diminué au fil du temps. C'est d'ailleurs ce que disent à longueur de colonnes les responsables des grandes compagnies. Tous ne voient dans le futur que dix grands opérateurs globaux au mieux. Sauf que cela fait vingt ans que ce discours est tenu et que le nombre de compagnies aériennes régulières inscrites à l'OAG (Official Airlines Guide) est à peu près constant: entre 900 et 1 000.

Car le transport aérien est un média et comme tous les médias il est source de pouvoir. Posséder une compagnie aérienne c'est comme être propriétaire d'un journal ou d'une chaîne de télévision. Cette position donne immédiatement la consécration publique avec les avantages attachés : invitations multiples de la part des hommes politiques et des grandes administrations, nombreux articles de presse, photos dans les magazines, décorations de tous ordres, bref tout ce qui peut flatter la vanité. À partir de ce constat, il n'est pas étonnant de voir nombre d'hommes d'affaires se lancer dans le transport aérien après avoir fait fortune dans d'autres secteurs d'activité. Les exemples sont nombreux et certains sont célèbres, comme Richard Branson et Virgin Atlantic ou Vijay Mallya et Kingfisher dont le métier d'origine est brasseur. Devenir propriétaire d'une compagnie aérienne est une manière d'acheter une certaine respectabilité. C'est pourquoi, quel que soit le nombre de disparitions de compagnies aériennes, par fusion, rachat ou banqueroute, on trouvera toujours des entrepreneurs attirés par ce métier, dont la rentabilité n'est pourtant pas la qualité première.

Les synergies et les contraintes

Voilà le mot magique : synergies ! Il explique tout, il justifie tout, y compris la volonté de puissance. Je n'ai vu aucun rapprochement de compagnies aériennes ne pas être justifié par des synergies.

De vraies économies

Il est vrai que de sérieuses économies sont faciles à réaliser en peu de temps. Les principales portent sur l'harmonisation des réseaux. En enlevant tous les doublons, deux transporteurs peuvent, tout en gardant leur capacité de dessertes, économiser un nombre impressionnant d'heures de vol et redéployer les moyens libérés pour compléter leur réseau. C'est ce qu'ont magnifiquement réalisé en peu de temps les compagnies KLM et Air France.

La fusion des équipes d'exploitation et de commercialisation constitue également une source importante de gains de productivité. Mais, dans ce domaine, on commence à toucher les aspects douloureux des rapprochements. Il faut bien alors consentir à des suppressions de postes souvent synonymes de licenciements, lesquels sont d'ailleurs faits dans des conditions économiques douloureuses pour les compagnies.

Bien entendu, il y a encore une foule de petites ou grandes économies réalisées en mettant en commun des capacités d'achat et donc de négociation avec les fournisseurs : assistants aéroportuaires, avitailleurs, sociétés de catering, etc. Bref, en première approche, les fusions ou rachats de compagnies aériennes sont bénéfiques à la santé économique du nouvel ensemble ainsi créé.

Mais de sérieux inconvénients

Seulement, tous ces avantages se paient et les charges afférentes n'apparaissent souvent que dans un deuxième temps.

Il faut tout d'abord intégrer des cultures différentes. Chaque compagnie aérienne a sa propre personnalité et une culture affirmée. Cela est vrai des petites comme des grandes. La question se pose alors : quelle culture va être dominante ? A priori, la compagnie acheteuse devrait imposer ses standards, mais cela n'est pas aussi simple. Dans le cas d'Air France et KLM, les responsables du rapprochement Leo Van Wijk pour KLM et Jean-Cyril Spinetta pour Air France ont pris grand soin de ne pas heurter les susceptibilités des personnels de l'une et l'autre compagnie. Cela se paie par d'innombrables compromis et réunions entre des personnes qui se voient plus comme des concurrents que comme des partenaires. Le coût de ces réunions et du temps nécessaire à la prise de décisions est rarement identifié de prime abord.

La mise en commun des systèmes est également une source sérieuse de coûts supplémentaires. Les compagnies ont souvent des systèmes de réservation différents auxquels elles sont très attachées. Il n'est d'ailleurs pas certain que le système de la compagnie acheteuse soit meilleur que celui de la société achetée. Et que dire des systèmes informatiques : toutes les compagnies d'une certaine importance ont investi des sommes considérables pour développer leur propre système de gestion informatisé qui va de la réservation – mais ce n'est qu'un aspect – à toute la gestion de la flotte, sans compter les procédures de maintenance, les achats de pièces détachées, les personnels, la billetterie, la comptabilité, que sais-je ? Comment fusionner ce qui est le cœur de toute société ?

La difficulté de prendre une décision ou l'organisation de l'irresponsabilité

L'un des inconvénients majeurs du gigantisme des grandes compagnies aériennes, en dehors bien sûr des coûts de ces structures, réside dans la difficulté à faire prendre une décision si minime soit-elle. Et cela s'explique aisément. D'abord, il faut tenir compte de toutes les sensibilités et, par conséquent, il convient de tenir d'interminables réunions où les très nombreux participants auront tout loisir d'exprimer leur point de vue. Une fois ces réunions tenues, il faut en faire le compte rendu, diffuser celui-ci par le moyen magique de l'e-mail à un maximum de personnes, cela afin de se dédouaner au cas où un absent souhaiterait ajouter quelque chose. La plupart du temps, ces e-mails ne viennent qu'encombrer les ordinateurs, mais il sera toujours possible de prouver que tel responsable était au courant et qu'il ne s'est pas manifesté.

Bien entendu, pas question dans ces conditions de trouver un décisionnaire. Prendre une décision, c'est s'exposer à la critique et, si l'affaire tourne mal, trouver le bouc émissaire. Or, dans le transport aérien, tous les salariés acquièrent très rapidement les réflexes protecteurs. Il est en effet plus important de faire carrière dans l'entreprise que de faire progresser cette dernière. C'est ainsi que les décisions se prennent finalement par « consensus »: personne ne s'opposant à telle nouvelle mesure, celle-ci peut être adoptée. De sorte que, si l'affaire tourne mal, il sera impossible de trouver quelqu'un pour porter le chapeau, et si les effets sont bénéfiques, tous les participants au « consensus » pourront en tirer gloire.

Voilà qui n'est certes pas efficace, et c'est en outre très coûteux, mais personne ne chiffre le temps passé en vaines réunions auxquelles chacun veut assister, même pour des décisions très anodines.

Au fond, quel résultat en attendre?

Au bout du compte, je ne suis pas certain qu'une analyse rigoureuse et neutre ait été réalisée quant aux mérites économiques des rapprochements entre les compagnies aériennes. Et puis il y a les remarques de simple bon sens. Comment faire fonctionner des ensembles composés pour certains de plus de 100000 salariés (112600 pour Air France-KLM), provenant de dizaines de pays et de cultures différentes, situés sur les cinq continents, et qui travaillent dans des compagnies établies souvent depuis de longues années. Au moment où j'écris ces lignes, on annonce le rapprochement de British Airways et d'Iberia. On voit tout de suite la complémentarité des réseaux: Iberia est dominante sur l'Atlantique Sud et British Airways sur l'Atlantique Nord... et bien d'autres grandes destinations. Leur fusion va donner naissance à un ensemble capable de dominer le marché transatlantique réputé comme le plus profitable. Mais au prix de combien d'inconvénients cela se fera-t-il? En Espagne, on va déjeuner à partir de 14h30 alors qu'en Grande-Bretagne on avale un sandwich à 12h30. Je serais curieux de voir l'atmosphère des réunions planifiées sur une ou plusieurs journées. Quelle langue va être utilisée? Les Anglais ne sont pas plus réputés pour parler l'espagnol que les Ibériques le sont pour comprendre l'anglais. Bref, il faudra mettre une énergie farouche pour faire réussir ce qui sur le papier peut paraître évident.

La plus importante fusion se prépare pour 2011, si le gouvernement américain ne s'y oppose pas. Il s'agit de réunir deux des cinq plus grands transporteurs mondiaux: United Airlines et Continental Airlines. L'un et l'autre appartenaient, il n'y a pas si longtemps, à des alliances différentes : Star Airlines pour United et SkyTeam pour Continental. Gageons que, même s'il s'agit de transporteurs américains partageant pour l'essentiel la même culture, les difficultés ne manqueront pas. Les responsables d'Air France ne cachent d'ailleurs pas, en privé, les aspérités dans leur relation avec ceux de KLM alors que cette fusion est présentée comme un modèle du genre.

9

La grande indigence des aéroports[1]

« La vérité n'est jamais amusante, sans cela tout le monde la dirait. »

Michel Audiard

« La critique, art aisé, se doit d'être constructive. »

Boris Vian

Soyons précis. Je me bornerai dans ce chapitre à traiter des aéroports européens. En effet, les aéroports asiatiques et les nouveaux terminaux du Golfe sont infiniment plus performants et agréables que nos plates-formes européennes, lesquelles ont singulièrement vieilli. Certes, de nouveaux terminaux ont vu le jour en Espagne, un nouvel aéroport a été construit à Athènes, l'aéroport de Heathrow s'est enrichi d'un nouveau terminal réservé à British Airways, mais tous les clients habituels du transport aérien européen se retrouveront facilement dans l'exposé qui suit.

1. J'invite les lecteurs à aller consulter le site : www.slate.fr/story/9589/tout-le-monde-deteste-roissy-cdg

Le cauchemar de Roissy-Charles-de-Gaulle

Il s'agit de la plus grande plate-forme européenne, qui dispose de tout l'espace nécessaire et est relativement peu pénalisée par son environnement. En clair, cet aéroport dispose de tout ce qui est utile pour en faire un lieu convivial, bref, l'aéroport européen modèle. Par quelle aberration en a-t-on fait cet ensemble où tous les habitués du transport aérien, même français, ne vont qu'à reculons?

Les liaisons avec la ville défaillantes

Ce qui frappe de prime abord, c'est l'absence d'une desserte convenable avec Paris. Une seule autoroute toujours congestionnée et une desserte ferroviaire indigente. Voilà qui est suffisant pour transformer l'accès à l'aéroport ou l'accès à la ville lorsque l'on débarque en parcours du combattant. Et, pourtant, ce n'est pas faute d'avoir eu dès le début toutes les possibilités. Or, dès son ouverture en 1974, les promoteurs ont fait en sorte que la gare RER n'arrive pas dans l'aérogare unique de l'époque. Il fallait en fait faire un compromis entre les grands acteurs terrestres: la RATP, la SNCF, Air France et Aéroports de Paris. Chacun voulait sa part du gâteau. C'est ainsi que l'on est arrivé à ce compromis boiteux: faire une gare éloignée du terminal, ce qui épargnait une concurrence forte aux bus Air France qui, eux, avaient accès directement à l'aérogare, permettait à Aéroports de Paris d'utiliser ses navettes pour relier la gare et l'aérogare et à la RAPT et la SNCF de se partager la desserte l'une avec son matériel et l'autre sa gestion. Bien entendu, il n'a jamais été question du confort des clients appelés d'ailleurs et pour longtemps « usagers ».

Ayant démarré de si belle manière, l'affaire ne pouvait pas s'arranger. Il a fallu attendre l'ouverture du terminal 2F et la mise en service de la gare TGV pour qu'une deuxième station de RER soit ouverte à côté de la station TGV. Entre Roissy et la Gare du Nord, la ligne s'arrête dans onze stations. Et les directs Gare-du-Nord-Roissy sont peu fréquents.

Du côté routier, ce n'est pas mieux. Il faut compter au moins une heure et demie pour se rendre de l'aéroport dans Paris aux heures de pointe. Depuis le début 2009, une voie de l'autoroute est réservée aux bus et aux taxis jusqu'à 11 heures du matin, mais, si cela améliore un peu les transports en commun, cela ne fait que renforcer la congestion du trafic sur les deux voies restantes.

Dans la plupart des pays européens, une desserte ferrée a été réalisée entre l'(ou les) aérogare(s) et les villes. Pourquoi ce qui est possible partout ne l'est-il pas en France? Les constructeurs de l'aérogare d'Orly – mise en service en 1960, faut-il le rappeler – ont intégré une gare dans le terminal d'Orly Sud. Cette gare n'a jamais été reliée au réseau de la SNCF, non pas faute de possibilités, mais simplement parce que l'on n'a jamais pu trouver un preneur de décision entre deux organismes étatiques concurrents. Et la SNCF dépose ses usagers à deux kilomètres de l'aérogare d'Orly à Pont-de-Rungis où les malheureux passagers avec ou sans valises doivent prendre une navette d'Aéroports de Paris pour accéder à leur aérogare. La même absence de décision et un consensus mou ont entraîné pour Roissy les mêmes effets que pour Orly.

La desserte par bus RATP n'est pas plus satisfaisante. Certes, le bus s'arrête au terminal 1, mais seulement au niveau départs, et pour le reste, entre les terminaux 2A et

2C puis 2B et 2D et à la gare TGV, enfin à la gare RER pour le terminal 3 où les passagers doivent se rendre à pied (300 m) par toutes les intempéries.

Des liaisons internes insuffisantes

Il ne suffit pas de relier Paris à ses aéroports, encore faut-il pouvoir se déplacer rapidement et facilement à l'intérieur de ceux-ci. Pour Orly, l'affaire est simple et traitée de façon satisfaisante : un VAL relie Orly Ouest et Orly Sud. Certes, il aurait infiniment mieux valu qu'il soit prolongé jusqu'à Paris plutôt que de laisser les voyageurs sur les quais de la gare d'Antony. Pour Roissy, c'est une tout autre affaire. Cette gigantesque plate-forme est composée de pas moins de neuf terminaux très éloignés les uns des autres.

Il a bien fallu rapidement étudier le transfert des passagers de CDG 1 vers CDG 2… tout en passant par l'ensemble de bureaux RoissyPôle et par la fameuse gare RER. Comme on ne fait rien comme les autres en France, un consortium monté entre la RATP et Aéroports de Paris a décidé d'exploiter un système nouveau fait de petites cabines tractées par des câbles, appelé SK 6000. L'inauguration de la première ligne devait avoir lieu le 1er mai 1996. Mais le système n'a jamais marché et, après quelques années d'acharnement et 180 millions d'euros, il a fallu se résoudre à revenir au bon vieux VAL qu'Aéroports de Paris exploitait à Orly depuis des années. Bref, le Roissy VAL a été inauguré en avril 2007, soit onze ans après le début planifié. La ligne va de CDG 1 à CDG 2 Gare TGV. Mais une fois sur place, comme on est encore loin des autres terminaux, il était prévu deux autres lignes :

une transversale traitant tous les terminaux de l'aérogare 2 et l'autre reliant la gare TGV et le tout nouveau terminal G situé à près de deux kilomètres. Rassurez-vous, rien n'est fait. La transversale a été abandonnée et la ligne vers le terminal G est en projet, sans doute pour encore longtemps.

Alors, il reste les bons vieux bus servis par des chauffeurs souvent bougons, incapables de répondre aux questions élémentaires des passagers, avec des temps de transfert importants.

Une architecture erratique

Le plan d'origine de Roissy avait sa propre logique: la construction de six terminaux identiques, imités de CDG 1. Ces terminaux devaient être reliés entre eux par une navette souterraine. À tout le moins, ce plan avait le mérite de la cohérence. Mais il a été rapidement abandonné car l'exploitation de la première aérogare s'est révélée compliquée, avec notamment de grosses défaillances dans le tri des bagages. C'est ainsi que l'on a commencé à dériver, et pas qu'un peu.

L'aérogare 2 a été inaugurée en 1982 par la mise en service des terminaux 2A et 2B. L'architecture devait répondre à un critère simple: aller le plus rapidement possible de sa voiture ou du transport en commun emprunté à l'avion. En foi de quoi, pour faire des économies et sous la pression d'Air France, ces terminaux ont été conçus pour ne recevoir que 50 % des avions au contact des aérogares, les autres étant traités en aires éloignées avec encore une fois une nouveauté: les aérobus. C'étaient des bus télescopiques dont la cabine montait et descendait pour se mettre au niveau soit des portes des avions, soit des aérogares. L'exploitation de ces merveilleuses machines se révélant très délicate, elles ont été abandonnées au profit de bus basiques qui certes ont le mérite de ne pas tomber en panne, mais qui obligent les passagers à utiliser des escaliers rouillés et totalement inadaptés, sauf à des cas d'urgence.

Eh bien, on a construit les deux autres modules 2C et 2D sur le même modèle.

C'est alors qu'Air France a changé sa stratégie en profondeur pour passer au concept de « hub » qui privilégie les correspondances. Il est apparu que l'architecture des terminaux existants ne pouvait pas répondre aux nécessités d'exploitation. Les nouveaux terminaux F et E ont donc été conçus pour échanger rapidement les passagers et leurs bagages. Sauf qu'ils sont insuffisants et qu'il a fallu ajouter un satellite dit S (qui n'est pas une aérogare mais un pôle d'embarquement et de débarquement des avions), lequel est construit lui aussi différemment.

Enfin, pour parachever cet inventaire, un dernier (pour le moment) terminal appelé G, destiné à l'aviation régionale, a été construit à plus d'un kilomètre de l'aérogare 2. Après tout, cela justifie amplement l'utilisation des navettes d'Aéroports de Paris. Ajoutons qu'un terminal dit 3 a été édifié en réutilisant la structure construite sur le jardin des Tuileries pour célébrer le bicentenaire de la Révolution en 1989. Destinée à l'origine aux vols charters, elle est aujourd'hui également utilisée pour traiter une partie des vols « low cost ».

Comment avec cela organiser une exploitation rationnelle ? D'autant que, si l'on entre dans les détails, on constate de très nombreuses causes de dysfonctionnements. Pour ne prendre qu'un exemple, il y a sept marches entre le terminal F et le tapis roulant qui conduit à la gare TGV. Ne pouvait-on pas faire le tout de plain-pied ?

Une signalétique indigente

Dans un complexe aussi vaste, la signalétique est un impératif majeur, d'autant qu'un grand nombre de clients ne sont pas des habitués de l'aéroport. Certes, les Français pas plus que les Italiens ne brillent dans cet exercice, mais les aéroports d'Orly et de Charles-de-Gaulle sont vraiment l'exemple à ne pas imiter.

La première des priorités consiste à indiquer où le passager peut trouver son vol. Certes, Aéroports de Paris traite cent quarante compagnies dont certaines très importantes, et l'affaire est complexe. Raison de plus pour réaliser une signalétique de grande qualité. Comment savoir de quel terminal part son transporteur ? Comment trouver ledit terminal ? Comment être convenablement guidé pour choisir les bons embranchements d'autoroute où le trafic circule à 80 km/h ? Rien de tout cela n'est aisément accessible. La seule signalétique à l'entrée de CDG consiste en deux panneaux sur lesquels une feuille A3 indique le terminal d'où opère telle ou telle compagnie. Et souvent les feuilles en question sont chiffonnées, les vitres cassées… à condition que vous ayez pu vous arrêter devant ces panneaux qui sont très peu visibles. À Orly, c'est beaucoup plus simple, il n'y a strictement rien.

Alors les responsables d'Aéroports de Paris – notez que je dis « les » afin de montrer la collectivité des décisions – répondent qu'après tout le client doit être assez grand pour s'y retrouver tout seul, que des sites Internet existent, que de nouveaux modes de guidage par téléphone peuvent être utilisés et que finalement les aéroports sont trop complexes pour fournir une solution satisfaisante en la matière. Bref, débrouillez-vous !

Personne au fond dans cette institution ne se rend compte du stress causé aux passagers, surtout à ceux qui ne sont pas familiers de ces ensembles un peu kafkaïens, car les responsables en question connaissent, eux, leurs plates-formes, et puis ils sont assistés par les agents de leur société en cas de besoin.

J'ai personnellement, à de très nombreuses reprises, attiré l'attention des directeurs de cette institution sur ce sujet si délicat et si essentiel. Je dois avouer, à ma grande honte, que cela n'a servi à rien. Sans doute le fameux consensus sur la nécessité de revoir la signalétique extérieure de fond en comble – il serait plus juste de dire : de la créer – n'a-t-il jamais eu lieu. Contentons-nous d'attendre.

Des services inexistants et trop chers

L'aéroport de Roissy est ouvert la nuit, mais les commerces sont fermés. Voilà un exemple parmi tant d'autres de la désinvolture avec laquelle sont traités les passagers. La différence de qualité entre les aéroports tient bien entendu à leurs équipements, mais également à l'étendue des prestations que l'on peut y trouver. Après tout, puisque l'on demande aux passagers de se présenter deux heures avant le départ de leur vol, il convient de leur proposer des services, gratuits ou payants, mais de bonne qualité. Sur ce point, nos aéroports parisiens ne sont pas très bien lotis.

Les services, c'est d'abord la qualité de l'accueil à l'arrivée dans l'aérogare : trouve-t-on des chariots à bagages, peut-on garer facilement sa voiture, existe-t-il un emplacement pratique pour une dépose rapide? Sur tous ces points, le service d'Aéroports de Paris laisse singulièrement à désirer. Il n'y a par exemple pas de chariots à bagages à la gare TGV. Est-ce à dire que tous les passagers ne voyagent qu'avec des bagages à main? Disons également que les parkings constituent une formidable rente de situation qu'ADP exploite à fond, à 30 € par jour, on comprend cela.

La qualité de service se mesure également à de petits détails: la propreté et l'équipement des toilettes... ainsi que leur disponibilité, le bon fonctionnement des tapis roulants et des ascenseurs, l'accessibilité des navettes et leur fréquence, la possibilité d'acheter des billets de RER en dehors des heures d'ouverture des guichets, si possible avec une carte de crédit, car les étrangers ne disposent pas tous d'euros, l'amabilité des commerçants, en particulier les personnels des bars et restaurants... Bref, tous ces petits riens qui vous rendent la vie plus simple ou carrément insupportable.

Sans parler des équipements ou des services jugés superflus comme des salons de massage et de relaxation, des salons accessibles à tous les passagers et pas seulement aux détenteurs des cartes de fidélité Air France, des annonces dans les aérogares audibles (celles du terminal F de Roissy ne le sont absolument pas) et bien entendu d'une galerie de commerces ouverts lorsque justement l'aéroport l'est.

Or tout cela a un prix: aux alentours de 7 €. C'est le prix payé par chaque passager pour utiliser les services de l'aéroport, quel que soit le terminal utilisé. Seulement les services sont très différents d'un terminal à l'autre. Qu'y a-t-il de comparable entre les services disponibles au terminal 3 et ceux du terminal 2F ou 2G ? L'équité voudrait que les taxes d'aéroport soient alors différentes. Oui, mais cela conduirait à pénaliser les passagers d'Air France qui sont traités dans les meilleurs terminaux. Vous n'y pensez pas !

Et puis il y a le récurrent problème de l'espace. L'aéroport de Roissy a été conçu par Paul Andreu, architecte de talent, certes, mais qui n'avait certainement aucun souci du bien-être des passagers. Passionné par le parti que l'on peut tirer du béton, il a construit des monuments tout à fait agréables à l'œil vus de l'intérieur comme de l'extérieur, mais cela s'est fait au détriment du confort des clients. Les cheminements sont peu pratiques, les salles d'embarquement exiguës, sans parler de leur confort inexistant. Et pourtant il faut passer des heures à attendre son vol. Nous n'avons pas fini de payer ces débordements artistiques. À l'inverse, les Américains ont construit leurs aérogares comme des cubes. Ils sont très laids vus de l'extérieur, mais tout l'espace est disponible à l'intérieur.

Le coût des monopoles

Le système économique d'Aéroports de Paris est au fond très simple. Quelles sont les charges prévisibles pour l'année à venir en comptant à la fois les charges d'investissement et de fonctionnement ? Quelles sont les recettes annexes escomptées : parkings, commerces, locations et services divers ? Par conséquent, quels sont les tarifs à appliquer aux compagnies aériennes et aux passagers ?

Cela fait l'objet certes de pseudo-concertations entre les représentants des compagnies aériennes et ceux d'Aéroports de Paris, mais au bout du compte les tarifs sont fixés, et non par le marché, car celui-ci n'existe tout simplement pas. Les aéroports européens sont en situation de monopole et n'ont pas l'intention de changer, quel que soit leur propriétaire, fût-il privé.

La question devient de plus en plus cruciale, car les clients des aéroports, les compagnies aériennes pour l'essentiel, sont eux-mêmes dans une concurrence effrénée qui les pousse à faire baisser leurs coûts par tous les moyens et surtout par la diminution des frais payés à leurs fournisseurs. C'est donc avec une certaine rage qu'elles subissent des augmentations de leurs redevances nettement supérieures au taux de l'inflation.

Les résultats sont d'ailleurs là. Alors que le nombre de passagers traités au premier semestre de 2009 était en baisse de 6,4 %, le chiffre d'affaires était, lui, en hausse de 5,9 % ainsi que les coûts de personnel qui ont aussi grimpé de 6,9 %. En fait, Aéroports de Paris a obtenu une hausse de ses redevances de 5,5 % et des taxes d'aéroport de 9 % alors que le taux d'inflation en rythme annuel est négatif depuis janvier 2009.

Les clients, compagnies aériennes et passagers, se demandent pourquoi ils doivent eux-mêmes faire les efforts destinés à assurer la prospérité d'un prestataire de services avec lequel ils sont obligés de traiter, alors que ce dernier réalise manifestement peu de réductions de coûts internes. On peut hélas craindre que cette situation ne perdure tant que la concurrence ne sera pas réellement installée.

La concurrence est-elle possible ?

À l'évidence, seule l'entrée des grands gestionnaires aéroportuaires dans le domaine concurrentiel pourra entraîner les efforts de restructuration et d'amélioration de la performance, lesquels pourront à leur tour engendrer une baisse significative du prix des prestations ou une nette amélioration des services rendus tant aux compagnies aériennes qu'aux passagers.

La création d'un système concurrentiel ne sera certainement pas simple. Les gestionnaires d'aéroports ont beau jeu d'expliquer à leurs autorités gouvernementales respectives que leur action est stratégique et que la perte de leur monopole entraînera automatiquement une perte d'activité, voire un danger pour l'aéroport dont ils s'occupent. C'est d'ailleurs ce qu'ont expliqué tous les transporteurs nationaux à leurs gouvernements et cela n'a pas empêché les autorités européennes d'organiser la concurrence entre les compagnies aériennes.

Pourquoi cela ne serait-il pas possible pour les aéroports ?

On objectera à juste titre qu'il n'est pas possible d'avoir deux gestionnaires d'un même aéroport. Il en va de la cohérence d'une organisation complexe et même de la sécurité sur la plate-forme. Mais il existe d'autres possibilités.

On peut d'abord imaginer que, lorsqu'une ville est desservie par plusieurs aéroports comme cela est le cas de Paris, Londres, Milan, Rome ou Berlin, chaque aéroport soit confié à un organisme gestionnaire différent. Ainsi, Aéroports de Paris pourrait continuer à gérer Charles-de-Gaulle, et Orly pourrait être confié à un autre opérateur privé. Il ne manquerait certainement pas de candidats.

On peut également imaginer que le gestionnaire de l'aéroport ne s'occupe que de la maintenance des installations, pistes, parkings avions ou aérogares, et laisse l'exploitation desdites installations à des sociétés privées. Après tout, c'est bien ainsi qu'a été organisée la concurrence sur les chemins de fer européens.

Tout est une question de volonté politique. Les décisions seront forcément prises à Bruxelles un jour ou l'autre. Il est possible que le lobby des compagnies aériennes soit suffisamment efficace pour faire évoluer la situation, car on ne peut pas compter sur les associations de consommateurs, beaucoup trop faibles en face de ces grandes organisations.

Pour faire évoluer le transport aérien dans le bon sens

Les aéroports constituent un excellent domaine de travail pour faire évoluer le transport aérien dans le bon sens. La question essentielle n'est pas de poursuivre à l'infini la baisse des coûts car celle-ci se fait beaucoup trop au détriment de la qualité du service et n'est que peu reliée aux améliorations de productivité du transport aérien, sauf aux États-Unis où les compagnies aériennes ont fait un prodigieux effort de rationalisation de leur fonctionnement. Il convient de redonner le goût de voyager en avion à des clients qui se détournent de ce moyen de transport, car celui-ci s'est efforcé depuis des années à lui rendre ses déplacements difficiles.

Or beaucoup d'améliorations pourraient être apportées par les aéroports eux-mêmes. Certes, il faut vivre avec ses maladies surtout si elles sont congénitales et c'est le cas des architectures, mais même avec certains handicaps criants, l'accueil et les cheminements des passagers doivent pouvoir être grandement améliorés.

J'ai pris l'exemple de Roissy-Charles-de-Gaulle d'abord parce que c'est la plus grande plate-forme aéroportuaire européenne, utilisée par toute la clientèle française. Mais il n'est pas le seul aéroport difficile à utiliser. Londres Heathrow est également très complexe, et les aéroports italiens ne brillent pas par leur qualité de services. Ce n'est pas une raison pour ne rien faire. Or les progrès sont très lents, même si depuis quelque temps il semble que le balancier se soit mis à revenir vers un meilleur service.

Pour s'améliorer, il faut se comparer. Non pas avec des aéroports a priori moins performants, mais avec les meilleurs du monde. Il faut s'aligner sur les grandes plates-formes asiatiques : Hong Kong, Singapour, Séoul, mais également par rapport à celles du Golfe : Dubai, Abou Dhabi. Ces aéroports ou aérogares sont nouveaux, ils ont été conçus afin de servir les passagers car ils sont un vecteur déterminant de la croissance de leurs villes, voire de leurs pays. Il convient également de se comparer avec les grands aéroports américains, en particulier Atlanta et Dallas Fort Worth. Nous ne détenons pas en Europe une culture du service comparable à celle des pays asiatiques ou des États-Unis. Allons donc nous inspirer de ce qu'il y a de mieux et adaptons ces améliorations aux possibilités européennes. C'est à cette condition, et à cette condition seulement, que la qualité des services aéroportuaires européens progressera.

Le passage dans les aéroports tant au départ qu'à l'arrivée représente les deux tiers du temps de voyage sur un moyen-courrier et près de la moitié sur un long-courrier. Ce n'est pas rien et c'est le moment le plus complexe, difficile et pour tout dire stressant pour le passager qui a peur de manquer son avion au départ et de ne pas retrouver son bagage à l'arrivée. C'est l'endroit où il faut faire d'interminables queues et où il faut soit courir parce que l'on est en retard, soit patienter, la plupart du temps debout, lorsque l'on est en avance. Les aéroports européens doivent pouvoir gérer convenablement ce temps à condition de penser aux clients, lesquels sont des individus avec leurs peurs et leurs envies, leur état de santé et de stress, et non pas aux usagers, voire aux « pax » qui ne sont que des unités de consommation. Et que l'on arrête une fois pour toutes de culpabiliser les clients qui n'auraient pas vu telle ou telle indication portée sur leur billet ou sur des panneaux plus ou moins lisibles ou compréhensibles. C'est aux aéroports à s'adapter aux besoins de leurs clients et non à ces derniers à apprendre à utiliser les complexes installations qu'ils sont bien obligés de traverser.

10

Les « low cost » ont dicté leur loi aux grandes compagnies

> « Économiste: expert qui saura dire demain pourquoi ce qu'il avait prédit hier n'est pas arrivé aujourd'hui. »
>
> Pierre Desproges

Herb Kelleher est l'inventeur du concept de « low cost ». En 1971, alors qu'il était avocat, il déjeune avec un ami, un homme d'affaires influent au Texas, dans un restaurant de San Antonio. La légende veut que le concept de compagnie « low cost » soit né lors de ce déjeuner et ait immédiatement été transcrit sur la nappe du restaurant. L'idée était au fond très simple, mais terriblement difficile à mettre en œuvre à un moment où la dérégulation n'était pas la règle, même aux États-Unis.

Une idée toute simple et très difficile à mettre en exploitation

L'idée de base consiste à éliminer tous les coûts superflus et non indispensables au bon déroulement d'un vol. Pourquoi donner une commission aux agents de voyages?

Pourquoi avoir des accords « interlines », qui coûtent 9 %, avec d'autres transporteurs ? Pourquoi émettre des billets et devoir les compter alors que l'on peut se faire payer en avance ? Pourquoi avoir des services sophistiqués dans un aéroport alors qu'il suffit de pousser les passagers à l'intérieur de l'avion, sans se préoccuper de leur attribuer un siège ? Pourquoi avoir plusieurs types d'appareils alors qu'un seul fait bien l'affaire et entraîne d'importantes économies dans les opérations, la maintenance et la formation ? Pourquoi fournir des prestations gratuites à bord alors que l'on peut les vendre avec profit ? Enfin, pourquoi laisser un appareil une heure en escale alors que l'on peut lui faire faire un demi-tour en moins de trente minutes ?

Bref, telle était l'idée de départ et tel est encore le concept. En foi de quoi, le prix de revient est considérablement diminué, de l'ordre de 40 %, et le prix de vente peut s'en ressentir et permettre de toucher de nouvelles couches de population.

Le succès ne fut pas immédiat, car la compagnie s'est d'emblée heurtée aux intérêts existants. De plus, jusqu'en 1982, elle n'a pas eu le droit de sortir du Texas. Ce n'est qu'à partir de ce moment qu'elle a vraiment pris son essor avec une rentabilité jamais démentie.

Je me souviens d'avoir visité en 1988 le centre de réservation de la compagnie, situé dans un grand hangar en bordure du désert. À l'époque, Internet n'avait pas fait sa percée et toutes les ventes se faisaient par téléphone et carte de crédit. À mon grand étonnement, chaque écran d'ordinateur était équipé d'un petit miroir situé en haut et à gauche. J'ai demandé à la responsable de ce centre à quoi pouvait bien servir un instrument aussi futile.

— Voyez-vous, me dit-elle, les agents de réservation sont obligés de regarder leur écran et, par conséquent, ils sont obligés de se regarder. Eh bien, chacun de nous ne s'accepte que s'il est souriant et de bonne humeur. Et nos agents se sourient et cela se ressent au téléphone. Ils sont plus aimables et donc plus efficaces.

Voilà comment, avec un investissement minime, des sociétés bien organisées peuvent obtenir des résultats considérables. Et je peux témoigner, pour avoir plusieurs fois utilisé cette compagnie, que la bonne humeur règne y compris à bord des avions. On ne fait pas un métier de services sans l'aimer et cela doit se retrouver dans l'attitude du personnel. Quelle différence avec certaines autres compagnies européennes que je ne nommerai pas par charité chrétienne, mais que tout voyageur régulier reconnaîtra certainement.

L'arrivée des « low cost » en Europe

Les mêmes causes produisant les mêmes effets, il était inévitable de voir arriver le concept en Europe avant qu'il ne s'installe en Asie et en Amérique latine. Bien entendu, une fois de plus les grandes compagnies nationales ont balayé d'un revers de main condescendant cette nouvelle concurrence. C'était à qui prédirait le plus sûrement et le plus rapidement la disparition de ces intrus qui se permettaient de jouer dans leur cour de récréation. Je me souviens de conversations avec des responsables haut placés de grandes compagnies qui m'expliquaient que tout ce phénomène était éphémère et sans danger pour eux puisque la clientèle n'était composée que de « sacs à dos », c'est-à-dire de jeunes sans pouvoir d'achat. Seulement, la vérité était que ces directeurs ne voyageaient jamais sur une compagnie « low cost » et que par conséquent ils ne pouvaient pas se rendre compte que la clientèle était la même que dans leur compagnie.

Certes, comme il semblait facile de produire et de vendre du transport aérien, il y a eu des victimes parmi ces nouveaux transporteurs dont beaucoup se révélèrent incompétents. Certains d'entre eux ne connaissaient rien ou presque au métier et étaient persuadés que commercialiser du transport aérien ou des casseroles, c'était grosso modo la même chose. Ces nouveaux entrants ont alors conforté les « grandes compagnies » dans leur complexe de supériorité. Celles-ci n'ont pas vu ou voulu voir l'arrivée de vrais professionnels dans ce secteur d'activité.

L'irrésistible montée d'easyJet

C'est en mars 1995 que Stelios Haji-Ioannou crée easyJet avec un prêt de 5 millions de livres sterling que lui a accordé son père armateur chypriote. La compagnie opérera ses premiers vols en novembre de la même année, reliant Londres Luton à Glasgow et Édimbourg. La compagnie copie en tout point le modèle proposé avec succès par Southwest Airlines : un seul type d'appareil, une seule cabine, service payant à bord, distribution directe, d'abord par téléphone puis par l'utilisation massive d'Internet, demi-tours en escale très rapides, mobilisation du personnel dont une bonne partie de la rémunération est variable. Voilà qui permet d'être « low cost » et, par conséquent, de proposer des vols à un prix très économique. Le slogan des premiers vols était : « Londres-Glasgow, 29 £, pas plus cher qu'un jeans ». Ajoutez à cela que la flotte est très moderne et que, pour réaliser huit vols par jour contre six pour les transporteurs traditionnels, il faut avoir une ponctualité sans faille.

Par rapport aux compagnies européennes traditionnelles, la différence commerciale était alors considérable. Pensez, on pouvait acheter un vol aller simple à un prix raisonnable et, pour un vol aller-retour, il suffisait d'additionner le prix des deux vols. Élémentaire, me direz-vous, et pourtant totalement révolutionnaire car les compagnies aériennes traditionnelles arc-boutées sur la défense de leurs tarifs extrêmement élevés pour les hommes d'affaires ne permettaient l'accès à certaines réductions que pour des trajets aller-retour. On a par exemple pu entendre une publicité d'Air France sur le thème : « Paris-Nice 49 € hors taxes l'aller simple, prix valable uniquement pour un aller-retour » !

Bien qu'elles s'en soient défendues, les compagnies régulières ont vu immédiatement le danger majeur : la fuite de leur clientèle affaires attirée par la souplesse tarifaire de ce nouvel opérateur, et les très substantielles économies réalisées : grosso modo un aller-retour sur une destination européenne revenait trois fois moins cher sur easyJet que sur les compagnies traditionnelles. Il était donc plus qu'urgent de lui mettre des bâtons dans les roues. Et tous les moyens légaux, les pressions sur les autorités et un lobbying efficace ont été utilisés. La plus belle bagarre a sans doute été la conquête par easyJet de la plateforme de Genève.

En 1998, la compagnie rachète une part significative de TEA Basel, à l'époque compagnie charters, l'appelle easyJet Switzerland et s'installe à l'aéroport de Genève alors totalement dominé par Swissair. Bien entendu, l'obtention des droits de trafic réguliers a été particulièrement ardue et easyJet Switzerland a dû voler avec des droits charters. Pas découragés pour autant, les responsables de la compagnie ont créé un tour-opérateur auquel ils ont affrété les vols, charge à ce dernier de créer des programmes touristiques plus ou moins bidon. C'est ainsi que les vols Genève-Barcelone étaient vendus en « packages » incluant un transfert entre l'aéroport et la ville et un hébergement sous une tente, située à soixante kilomètres de l'aéroport! Mais les prix étaient tout à fait intéressants et la clientèle a commencé à affluer.

C'est alors que la Suisse a organisé un référendum afin de déterminer si le pays devait adhérer aux règles de la Communauté européenne en matière de transport. Si le résultat était oui, cela changeait totalement la donne pour easyJet Switzerland et la compagnie pourrait dès lors opérer avec des vols réguliers comme elle le faisait déjà à partir de la Grande-Bretagne. Aucun effort n'a été ménagé par la compagnie pour favoriser le oui. Je me souviens qu'elle achetait régulièrement de pleines pages de publicité dans *La Tribune de Genève* pour dire, en substance: sur les destinations que nous comptons desservir: Londres, Paris, Nice, Barcelone, Madrid... voilà les prix que vous fait payer Swissair et voilà quels seront nos tarifs. Et les Suisses ont voté oui.

Depuis ce jour-là, l'essor d'easyJet Switzerland à partir de Genève a été irrésistible. À tel point que Swissair, incapable de soutenir la concurrence, s'est progressivement repliée sur Zurich avant de voir ses avions cloués au sol par manque de trésorerie le 2 octobre 2001, ce qui a entraîné son dépôt de bilan et sa liquidation.

Les ambitions européennes

C'était lors du 11e Cannes Airlines Forum que j'avais le plaisir d'organiser. Nous avions invité Ray Webster, le PDG d'easyJet à l'époque. En toute simplicité, et avec quelques cartes, il a expliqué à l'auditoire, composé de dirigeants de compagnies aériennes classiques pour la plupart, quels seraient les développements futurs de la compagnie. Deux pays continentaux avaient retenu son attention : la France et l'Allemagne. Et Ray Webster d'annoncer clairement son plan de développement, lequel a été trouvé ridicule et dénué de bon sens par ses collègues des compagnies traditionnelles. Je me souviens très bien des quolibets sur l'absence de connaissance des marchés.

Ce qui a marché aux États-Unis ne peut pas être reproduit en Europe, disaient-ils en substance.

Et tous de prédire la fin prochaine de cette compagnie aux ambitions démesurées.

On a vu ce qu'il est advenu. Actuellement, easyJet opère 181 A319 (67 sont en commande), dessert 445 lignes et 112 aéroports et a transporté 42,6 millions de passagers en 2008 pour un chiffre d'affaires de 3,1 milliards d'euros, 160 millions d'euros de bénéfice, le tout avec 4 900 employés.

Voilà un acteur majeur du transport aérien européen qui opère sur les grands aéroports contrairement à l'autre géant « low cost » européen, Ryanair, directement sur le modèle de Southwest Airlines. Preuve, s'il en était besoin, que le modèle américain est parfaitement exportable en Europe, contrairement aux affirmations des compagnies traditionnelles.

La compagnie est devenue suffisamment dangereuse pour les plus grands transporteurs européens, qui mettent tout en œuvre pour freiner son développement. C'est ainsi, pour ne parler que de la France, que son exploitation parisienne a été scindée en deux, Orly et Charles-de-Gaulle, que les « slots » qu'elle réclame en permanence à Orly lui sont refusés, ce qui l'oblige à ne jamais avoir les bons horaires ni le nombre de fréquences suffisantes sur la plupart de ses destinations. Ce n'est qu'un combat d'arrière-garde. Le public lui-même réclamera plus de liberté et plus de concurrence, comme cela s'est passé à Genève.

La variabilité des tarifs

Pour les clients du transport aérien, l'atout majeur est sans conteste la flexibilité tarifaire. Pendant longtemps, les compagnies traditionnelles réservaient cette facilité, c'est-à-dire les tarifs aller simple sans contrainte, aux seuls clients affaires ou à ceux prêts à payer le plein tarif que chacun s'accordait à trouver exorbitant. Les transporteurs « low cost » ont fait voler ce système en éclats. Les tarifs se font sur la base de l'aller simple et plus la réservation est faite en avance, plus les tarifs sont bas. Voici par exemple les tarifs d'un aller-retour sur une journée pour le vol Paris-Nice, pris le 28 novembre 2009 :

EasyJet : Paris 07 h 00 – Nice 08 h 25
Nice 17 h 10 – Paris 18 h 40
Le 3 décembre 2009 : 314,98 €
Le 18 mars 2010 : 93,98 €

Prix auxquels il faut obligatoirement ajouter 9,50 € de frais de cartes de crédit.

Air France: Paris 07h00 – Nice 08h30
Nice 17h05 – Paris 18h30
Le 3 décembre 2009: 558,59 €
Le 18 mars 2010: de 526 € à 671 € selon la flexibilité du tarif.

En fait, chez les « low cost », peu importe qui vous êtes: jeune, vieux, gros, petit, voyageant seul ou accompagné. Vous occupez un siège et c'est celui-ci que vous payez.

Chez Air France, et d'ailleurs la plupart des autres compagnies traditionnelles, le tarif peut paraître dissuasif, mais une foule de réductions peuvent s'appliquer selon votre condition. En reprenant l'exemple précédent, si vous êtes une personne de plus de soixante ans, les tarifs sont sensiblement différents:

Le 3 décembre 2009: 372,59 €
Le 18 mars 2010: 355,59 €, mais, en décalant un peu les vols, il est possible d'avoir un tarif à 183,59 €.

En fait, les compagnies traditionnelles ont été contraintes de copier le modèle que leur ont imposé les transporteurs « low cost ». On y a fait de substantielles économies, mais au détriment de la lisibilité tarifaire. On vous vend moins un service que la rémunération qu'en attend le producteur.

En fonction de règles qui échappent à l'entendement moyen des consommateurs, les tarifs sont en perpétuelle évolution selon le remplissage attendu des appareils.

Néanmoins, reconnaissons que l'arrivée des « low cost » et leur crédibilité ont fait sensiblement baisser le coût du transport aérien et donné accès à de nouvelles couches de clientèle.

Et tous ces petits ajouts sur le tarif affiché

Les transporteurs « low cost », au premier des rangs desquels il faut bien sûr ranger easyJet et Ryanair, ont cependant une fâcheuse tendance à ajouter des options plus ou moins obligatoires. Pour ne prendre qu'easyJet, une fois votre tarif affiché, vous devez compter en supplément :

– 11 € pour chaque bagage enregistré par vol ;

– 15,99 € pour une assurance certes facultative, mais très fortement recommandée par le site de réservation. Il faut lire très attentivement ce dernier pour ne pas se la voir facturer ;

– 9,50 € pour le paiement par carte de crédit, or c'est le seul moyen de paiement proposé ;

– 11 € par vol si vous faites votre réservation par téléphone ; sinon, vous n'avez qu'à travailler vous-même avec votre Internet ;

– environ 8 € pour le « speedy boarding », en fait le droit d'accéder à l'avion avant les autres passagers et donc de pouvoir choisir son siège.

Bref, tout compté pour un tarif brut aller-retour de 150 € en moyenne, vous débourserez en plus 85,49 €, soit 57 % du tarif. Il y a là comme un abus !

Et tous les autres nouveaux transporteurs ?

Avant le début de la crise que l'on peut dater de septembre 2008, il n'existait pas de mois sans que l'on voie, dans le monde, la création d'un nouveau transporteur « low cost », car le concept était à la mode. En fait, créer une compagnie aérienne n'est pas si ardu que cela, surtout quand on n'est pas conscient des difficultés. Le capital à mobiliser est plutôt faible, puisque les appareils appartiennent maintenant aux sociétés de *leasing*, et les autres charges sont essentiellement des charges d'exploitation et non d'investissement. La sous-traitance peut se charger de la formation, voire de la fourniture des équipages techniques et commerciaux, de l'entretien des appareils, de l'assistance en escale, de l'avitaillement et du nettoyage des appareils, du centre de réservation et, bien entendu, du sacro-saint site Internet.

Rod Eddington, le charismatique PDG de British Airways du début des années 2000, souhaitait même créer la vraie « compagnie virtuelle ». Dans ces conditions, il n'est pas étonnant que de nombreux entrepreneurs attirés par le mirage aérien souhaitent créer leur compagnie aérienne. Et ils passent assez facilement à l'acte, car la propriété d'une compagnie aérienne est un signe de pouvoir indubitable, quitte à s'apercevoir assez rapidement que ce n'est pas la sinécure envisagée.

Ainsi se crée sur le marché mondial une nouvelle offre, parfois éphémère, mais qui met dans la tête des clients l'idée que payer moins cher est possible. Le phénomène autrefois réservé aux États-Unis a envahi toute la planète à la notable exception de l'Afrique, mais pour encore combien de temps ? Beaucoup de compagnies disparaissent, mais il s'en crée autant, car il faut bien utiliser les milliers d'appareils commandés… et produits. Les deux plus gros propriétaires d'avions dans le monde sont deux grandes sociétés de *leasing*: GECAS, appartenant à General Electric, et ILFC, propriété des assurances AIG, avec 1800 appareils de tous ordres pour le premier et 1000 pour le second. Il faut bien placer ces avions ; si ce n'est pas possible avec les transporteurs existants, il faut aider les créations, d'autant plus qu'il faut également reconvertir les appareils rendus par les compagnies en liquidation. Ainsi, le système se nourrit de lui-même et, la mode étant au « pas cher », il n'est pas étonnant de voir les « low cost » proliférer.

La limite basse des services

Il est vrai que le client d'une compagnie « low cost » choisit avant tout le tarif. Et puis le produit n'est pas si différent de celui des compagnies traditionnelles. Ce sont les mêmes appareils qui volent à la même vitesse. Les sièges sont identiques même si parfois ils sont plus rapprochés afin de gagner une ou deux rangées de sièges, c'est-à-dire de six à douze sièges supplémentaires. Les aéroports sont les mêmes et ont peut imaginer sans peine que la formation des équipages et l'entretien des avions sont sans défaut. Voilà qui amoindrit sérieusement la différence entre un produit « low cost » et un produit traditionnel. Comment dès lors justifier une différence de tarif? Tel est le casse-tête qui se pose à tous les acteurs du transport aérien, car il faut bien une raison pour accepter de payer entre deux et trois fois plus cher pour un même trajet.

Il me semble que les transporteurs « low cost » font de leur côté le maximum pour dégrader autant qu'il est possible leur produit, ne serait-ce que pour justifier les options qu'ils essaient de vendre, lesquelles, on l'a vu, peuvent représenter 50 % du prix du billet. C'est ainsi que petit à petit leurs prestations, déjà réduites à peau de chagrin, ont tendance à diminuer encore.

D'abord, avant le vol, n'attendez aucune assistance de la part de la compagnie, sauf à payer un appel très surtaxé et parfois, comme pour easyJet, un forfait pour la prestation élémentaire fournie. N'attendez pas non plus une quelconque collaboration avec un autre transporteur en cas d'irrégularités. Le choix des compagnies « low cost » est de n'avoir aucun accord « interline » avec d'autres compagnies et parfois tout simplement de n'avoir même pas de billet, fût-il électronique. Vous payez votre réservation et le droit de monter à bord. Bien entendu, sauf sur certains transporteurs tels que Vueling ou Air Berlin, pas de place allouée à la réservation ou à l'enregistrement. Cela permet, on l'a vu, de vendre le droit d'accéder à l'avion avant les autres passagers. Pas de prestation gratuite à bord, mais c'est finalement plutôt une bonne nouvelle car, comme ce que l'on vous sert est payant et que la compagnie fait un profit intéressant sur les ventes à bord, il vaut mieux que les produits soient de bonne qualité si l'on veut que les passagers les achètent. Selon les cas, vous pourrez ou vous ne pourrez pas emporter un bagage à bord, même s'il est calibré pour entrer dans les racks. Cela permet de vendre encore une nouvelle option.

Enfin, en cas d'incident, de perte de bagages, de retard ou d'annulation nécessitant une compensation définie par les autorités de Bruxelles, armez-vous de patience et éventuellement d'un bon avocat. Les compagnies traditionnelles ne sont déjà pas très performantes dans ces domaines, mais les transporteurs « low cost » sont parfaitement indigents.

Ajoutez à cela que nombre de compagnies opèrent dans des aéroports secondaires parfois très éloignés de la ville qu'ils desservent, Beauvais-Bergamo par exemple pour un Paris-Milan avec Ryanair et vous constaterez que la prestation fournie par ces compagnies est réduite au strict minimum.

Beaucoup de créations et très peu de véritables succès

Toutes les créations ne sont pas couronnées de succès, tant s'en faut. Les vraies réussites se comptent sur les doigts des deux mains. Deux nord-américaines sortent du lot: Southwest Airlines et Jet Blue; trois européennes tirent leur épingle du jeu: Ryanair, easyJet et Air Berlin, cette dernière traversant cependant de très fortes difficultés financières; une dans le Golfe: Air Arabia; une en Asie du Sud-Est: Air Asia; deux en Australie et une au Brésil. Pourquoi donc ce modèle si copié se révèle-t-il si fragile?

Il y a une réponse toute simple à cette interrogation, c'est l'absence de compétences, en particulier commerciales. Faire voler un avion nécessite le suivi scrupuleux d'un manuel d'exploitation et d'un manuel d'entretien, et les compagnies sont, sur ce point, très contrôlées par leurs aviations civiles respectives, ce qui est très heureux. C'est ainsi que le transport aérien est devenu extrêmement sûr.

Il n'en est pas de même pour les aspects commerciaux. Pas de manuel à suivre, pas de procédure à respecter, chacun fait ce qu'il veut. Et c'est là le drame. Obnubilés par les facilités offertes par Internet et les sites de vente en ligne, les nouveaux transporteurs ont simplement oublié qu'il fallait accéder au marché. Comment faire connaître son réseau, son produit, ses prix, ses horaires uniquement par Internet ? La réponse apportée par les grandes compagnies « low cost » réside en un mot : la communication. Toutes les grandes réussites ont reposé sur une communication puissante, intelligente et très active, donc très coûteuse. Or, s'il est possible aux nouveaux transporteurs de se faire identifier sur leur marché principal, il est très difficile de l'être sur les marchés de destination.

Se commercialiser par le seul moyen d'Internet dans les très grandes agglomérations, lesquelles constituent les seuls marchés possibles, cela coûte une fortune qui ne peut être rentabilisée qu'avec une offre de sièges très importante, ce qui n'est généralement pas le cas. La seule parade que trouvent alors les compagnies consiste à baisser leurs prix, ce qui n'a aucun intérêt, car cela ne fait en aucun cas la notoriété du produit et cela affaiblit la recette.

La seule solution réside dans les compagnies hybrides qui utilisent Internet sur leur marché principal et les agences de voyages sur les marchés de destination. Cela coûte certes un peu plus cher, mais en charges variables uniquement. Hélas, la plupart des responsables commerciaux de ces compagnies ne connaissent pas les moyens de distribution dits traditionnels qui seuls pourraient les sauver et, ne les connaissant pas, ils refusent de s'y intéresser. C'est ainsi que l'on a pu voir nombre de transporteurs de bon niveau quant à leur exploitation ne pas survivre à la méconnaissance des systèmes de distribution parfaitement maîtrisés, eux, par les compagnies régulières.

La copie par le bas

Dans le fond, les deux types de compagnies pourraient coexister et prospérer chacune sur une partie du marché... à condition d'avoir autant de différences sur le produit que sur les prix. Seulement, les compagnies traditionnelles ont fait une analyse inverse: si les « low cost » mettent sur le marché des prix plus bas que les miens, je vais perdre ma clientèle. Par conséquent, je dois moi aussi pouvoir être compétitif et mes prix doivent baisser. Cela serait excellent si les charges des compagnies en question baissaient également. C'est ce qu'elles se sont efforcées de faire, mais au lieu de réaliser de réelles économies internes, par exemple sur les charges de structure, le nombre de salariés, les innombrables secrétaires et assistants en tout genre, la multiplication des postes de direction, elles ont cherché à trouver les économies à l'extérieur de leur périmètre. Et, pour cela, elles ont été amenées à dégrader leur produit.

En la matière, l'imagination est sans bornes. D'abord, les grands transporteurs ont commencé par modifier leur cabine court-courrier pour disposer des mêmes sièges en classes affaires et économique. Un rideau sépare les cabines et, disent les économistes, c'est très pratique pour la protection du « yield ». Je modifie sur le papier le nombre de sièges attribué par classe et il me suffit de bouger le rideau. L'affaire ne s'est d'ailleurs pas arrêtée là. Air France, par exemple, a créé une classe intermédiaire entre la classe affaires et la classe économique. Il a suffi d'ajouter un rideau et le tour était joué. Ainsi, la différence de traitement entre les classes de service est uniquement une affaire de rideau, les sièges étant identiques et la séparation entre les sièges rigoureusement similaire.

Mais pourquoi s'arrêter en si bon chemin ? Il était devenu urgent de modifier les prestations servies. Les plateaux repas sont devenus non seulement faméliques mais souvent carrément immangeables. C'est normal, diront les sociétés de catering aérien, nous ne servons que ce que l'on nous achète et d'année en année le prix d'achat des plateaux baisse. Économies, économies, voilà le mot magique pour autant qu'il ne touche que les passagers.

Le modèle « low cost » a gagné

Finalement, le constat est bien là : les compagnies « low cost » ont dicté leur loi aux compagnies traditionnelles, comme cela était prévisible et comme cela était inconcevable pour les responsables des transporteurs traditionnels. Certains, pour ne pas dire la plupart, ont alors tenté de créer eux-mêmes leur compagnie à prix réduit. British Airways a commencé la première avec Go, puis KLM a suivi en créant Buzz, qu'elle cédera plus tard à Ryanair, Lufthansa a ramené Germanwings dans l'ensemble Lufthansa Regional, Air France a créé une compagnie hybride Transavia afin de conserver au moins les fameux « slots » à Orly, Iberia a fusionné Click Air, sa filiale, et Vueling sous la marque de cette dernière mais sous la gestion d'Iberia. L'exercice est particulièrement ardu, car pour faire « low fare » il faut également faire « low cost », c'est-à-dire avoir en particulier des frais de personnel très réduits par rapport aux compagnies traditionnelles. Or faire habiter sous un même toit des personnels à statut différent, c'est très difficile, voire impossible sur une longue période. British Airways y a finalement renoncé et easyJet a racheté Go alors que Buzz était liquidée par Ryanair. Que feront les autres transporteurs ? L'avenir le dira, mais je ne parierais pas beaucoup sur la cohabitation des deux modèles.

Les compagnies traditionnelles ne pensent plus pouvoir opérer leurs vols court et moyen-courriers autrement que sous le modèle « low cost »... et c'est bien là le problème pour elles. Elles ont tellement dégradé leur produit qu'il est devenu très proche de celui des « low cost », sans pour autant avoir baissé leur prix de revient dans une même proportion. Elles ont donc farouchement besoin de la recette, en particulier sur leur classe affaires, alors que la clientèle déserte non seulement pour aller vers la concurrence, mais pour utiliser sur les compagnies traditionnelles la tarification faite pour contrer les « low cost ». C'est la quadrature du cercle.

Il est d'ailleurs curieux de constater que les tarifs entre la classe affaires et la classe touriste, avec des tarifs flexibles, ont tendance à se rapprocher. Air France, par exemple, propose dix jours avant le vol un tarif sur Paris-Milan (aller-retour dans la journée) de 1 211 € en classe affaires et de 1 092,40 € en classe économique, et sur Paris-Rome dans les mêmes conditions de 1 497,04 € en classe affaires et de 1 467,21 € en classe économique. Dans le même temps et dans des conditions similaires, easyJet propose des tarifs de 135,98 € sur Paris-Milan et de 203,98 € sur Paris-Rome. Même en tenant compte des options dont nous avons parlé plus haut pour easyJet, disons de l'ordre de 50 € tout compris, cela fait tout de même une différence tarifaire en classe économique de 906 € sur Paris-Milan et de 1 213 € sur Paris-Rome. Quelle prestation faut-il mettre pour compenser cet écart tarifaire que tous les clients peuvent constater très simplement ?

Comment se sortir de cette impasse ? Certes, pour le moment, les grandes compagnies ont limité les dégâts en empêchant les concurrents « low cost » d'avoir des horaires très convenables, et la différence se fait actuellement plus sur les horaires et le choix proposés par les grands transporteurs que sur le reste. Il reste également les fameux FFP (frequent flyer programs), mais, en ces temps de crise, les sociétés acceptent de plus en plus difficilement que leurs cadres choisissent des tarifs trois fois plus élevés uniquement pour se voir attribuer des avantages qui ne bénéficieront pas au payeur du billet. Cet argument massue risque fort de voir diminuer son efficacité à échéance très rapprochée. Or, répétons-le une fois encore, les compagnies traditionnelles ont besoin de ce type de recette pour couvrir leurs coûts de structure. On ne voit pas très bien comment elles vont y arriver, car le même phénomène s'étend maintenant aux long-courriers.

11

LA PERTE DE LA RELATION AVEC LE CLIENT

> « Chez moi, quand on tue le cochon, tout le monde rit !
> Sauf le cochon. »
>
> Edgar Faure

Voilà qui est sans doute le péché capital du transport aérien et qui est une conséquence inéluctable des errements commerciaux accumulés depuis des années. Non seulement la dérive est venue du comportement des élites, mais elle a été accentuée par les facilités technologiques.

Internet et ses conséquences

Finalement, l'arrivée massive d'Internet dans tous les pays s'est révélée très néfaste pour le transport aérien. Cet outil merveilleux est apparu rapidement comme un formidable instrument de centralisation de l'information et par conséquent de la décision.

La fin des directeurs de pays

Les premières victimes ont été les directeurs régionaux des compagnies aériennes. Auparavant, ces derniers étaient de véritables responsables de leurs marchés et, par conséquent, disposaient d'un véritable pouvoir. À tel point que les postes de directeur pour un pays ou une région étaient très recherchés. Considérés comme des « ambassadeurs bis », ils détenaient notamment le pouvoir de faire voyager gratuitement telle ou telle personnalité, de mettre sur le marché des prix pour réagir à telle initiative de la concurrence ; bref, ils étaient de vrais proconsuls, responsables uniquement de leurs quotas de ventes ou de chiffre d'affaires. Cela avait des inconvénients, mais également des avantages certains.

D'abord, ils connaissaient parfaitement leur marché, la concurrence et les circuits de distribution avec lesquels ils avaient tissé des liens de confiance. Nombre d'entre eux, par leur entregent, ont réellement créé des positions pour leur compagnie dans les territoires placés sous leur responsabilité. Ensuite, forts de leurs résultats, ils avaient une réelle influence sur les décisions du siège social, lesquelles reflétaient les attentes des marchés beaucoup mieux qu'aujourd'hui.

Internet et le « yield management » ont tué cette profession. Les compagnies n'ont plus besoin aujourd'hui que de super-chefs de ventes qui ne peuvent qu'appliquer des décisions prises très loin de leurs marchés et qui ne reflètent souvent que très peu leurs préoccupations. Des affaires se perdent parce que le responsable de la ligne au siège social ou le « yield manager » ne voudront pas accorder telle ou telle petite facilité et, a contrario, certaines baisses de tarifs pourraient être évitées si les responsables locaux étaient plus écoutés. Finalement, les directeurs de pays des compagnies aériennes ne sont plus que, au mieux, coresponsables des résultats avec la personne au siège social qui s'occupe de la ligne.

Le sentiment qu'Internet peut tout résoudre

Facile de vendre avec Internet puisque les sites marchands peuvent assurer de façon fiable les réservations et les achats de billets par le truchement des cartes de crédit ? Ce n'est pas si simple. Très rares sont les très bons sites Internet. Nombre d'entre eux ne parlent pas la langue des pays dans lesquels la compagnie veut vendre. Plus grave encore, le client n'a plus de relation avec la compagnie que par son écran d'ordinateur et ce dernier répond rarement à ses interrogations, en particulier en cas de réclamations.

Ne nous y trompons pas, Internet n'est pas un facteur de fidélisation, mais bien au contraire un fantastique moyen de vagabondage.

Les transporteurs « low cost » sont allés beaucoup plus loin. Ils ont fait d'Internet leur seul outil de distribution et cela a causé la perte de beaucoup d'entre eux. Si Internet est un instrument peu onéreux, fiable et relativement aisé à mettre en œuvre, ce n'est au fond qu'un nouveau système de communication comme l'a été en son temps le téléphone. Or, tout comme il fallait faire connaître son numéro de téléphone pour que l'on puisse vous appeler, il faut faire connaître son accès Internet si l'on veut vendre exclusivement par ce canal. Il existe bien des moteurs de recherche qui ne sont d'ailleurs pas gratuits, mais il faut avant tout se faire identifier par le grand public… et ce n'est pas une mince affaire, surtout sur les marchés majeurs. Ceux-ci sont concentrés dans les grandes agglomérations et les budgets de communication pour se faire reconnaître à Londres, Paris, Berlin, ou toutes les grandes villes au monde, sont tout simplement colossaux. Ils ne peuvent être supportés que par de très grandes compagnies et une très forte production de sièges vendables sur la ville choisie. Or, pour beaucoup de nouvelles compagnies, il est possible de se faire identifier sur le marché principal, mais cela est pratiquement impossible sur les marchés de destination qui doivent produire au moins 30 % du chiffre d'affaires si l'on veut avoir une exploitation rentable. Voilà bien le dilemme et voilà pourquoi nombre de compagnies « low cost » ont sombré, même si par ailleurs elles avaient un bon rapport produit/prix.

Les « call centres » délocalisés

Voilà une nouvelle conséquence de la technique, dévoyée. Au départ, c'est une excellente idée: afin d'offrir un service amélioré, 24 heures sur 24 puisque le transport aérien est par essence mondial, les grandes compagnies ont utilisé les nouvelles possibilités technologiques pour transférer automatiquement leurs appels vers les centres de réservation opérationnels quelle que soit l'heure de la journée. C'est ainsi que Lufthansa, par exemple, basculait ses appels européens vers Los Angeles pendant la nuit. Certes, la fluidité du langage n'était pas toujours assurée, mais à tout le moins les clients pouvaient être sûrs de la qualité technique de leur interlocuteur.

Et puis le système a dérivé. Reconnaissons tout d'abord que le transport aérien n'a pas été le premier secteur d'activité à se délocaliser, mais il a allègrement emboîté le pas pour faire des économies. Et l'on a pu voir les appels traités en Inde, au Maroc, à l'île Maurice, au Sénégal... que sais-je? Ainsi, le client ne sait plus par qui il est traité, ni même s'il est servi par un sous-traitant ou la compagnie elle-même. Cela pose parfois de sérieux problèmes pour la compréhension même du message et pour l'orthographe des noms. C'est ainsi qu'un passager peut ne pas se trouver sur les listes d'un vol, car son nom aura été mal orthographié.

Et puis, afin de diminuer le coût de leur prestation, laquelle est payée par la compagnie aérienne, certains sous-traitants, avec le plein accord de leur donneur d'ordre, utilisent des numéros de téléphone surtaxés. La recette de ce numéro est parfois d'ailleurs partagée entre la compagnie et le sous-traitant. Finalement, c'est le client qui paie pour simplement acheter son billet et recevoir un service minimal.

Toutes les techniques du monde ne remplaceront pas la proximité et le partage de la même culture. Un Indien ne saura pas forcément si Strasbourg se trouve en France ou en Allemagne, et que savent d'ailleurs les Français des particularités indiennes? Certaines consonances de noms parlent d'elles-mêmes quant à la qualité ou à la personnalité de l'interlocuteur, mais comment connaître ces nuances sans partager la même culture? Tant qu'à sous-traiter, si cela se révèle indispensable au bon équilibre économique de la compagnie, autant le faire dans le même pays, quitte à payer la prestation un peu plus cher. Je suis toujours étonné du raisonnement des responsables des compagnies aériennes qui préfèrent risquer de perdre un client dont la recette moyenne est de 200 à 300 € pour gagner 1 ou 2 € sur un appel traité!

Le mépris du circuit de distribution et ses funestes conséquences

J'ai commencé à travailler dans le monde merveilleux du transport aérien le 2 janvier 1970 à Air Inter. À 10 heures du matin, ce jour-là, un « ancien » de la compagnie m'a expliqué pourquoi la profession d'agent de voyages était morte. Les systèmes de réservation informatisés, alors tout nouveaux, allaient inéluctablement tuer les intermédiaires. À cette époque, déjà, les agents de voyages représentaient 70 % du chiffre d'affaires du transport aérien. Quarante ans plus tard, après toutes les formidables évolutions technologiques et en particulier l'arrivée en masse d'Internet, les agents de voyages réalisent toujours 70 % du chiffre d'affaires du transport aérien.

Pourquoi, en effet, les avancées techniques ne profiteraient-elles qu'aux compagnies et non pas aux intermédiaires ? En quoi Internet serait-il un avantage décisif pour une relation directe entre le client et la compagnie, plus que le téléphone en son temps ? Pourquoi les agents de voyages ne se serviraient-ils pas eux aussi de ces merveilleux outils ? C'est d'ailleurs bien ce qui s'est passé et la profession a évolué au rythme des évolutions technologiques. Les plus gros vendeurs de billets d'avion, fussent-ils des billets électroniques, ne sont pas les compagnies aériennes mais les grosses agences de voyages « en ligne ».

Depuis que je suis dans ce métier, je note un parfait mépris pour cette profession de la part des compagnies aériennes. Les agents de voyages sont supposés être incompétents, peuplés d'un personnel sous-payé et sous-qualifié, mal équipés du point de vue professionnel et d'une fiabilité financière discutable. Pour tout dire, le transport aérien aimerait bien vivre sans ces intermédiaires réputés coûteux de surcroît. Alors, dans une saine logique de raisonnement, il convenait de supprimer leur rémunération, et dans un grand élan toutes les compagnies aériennes ont diminué les commissions versées à leurs intermédiaires qui étaient de 7 à 9 % du prix du billet, pour les ramener à zéro. Ce faisant, elles se sont allègrement tiré une balle dans le pied. En effet, une fois libérées des attaches avec les transporteurs, les agences de voyages se sont senties réellement mandatées par leurs clients et, comme elles connaissent quand même leur métier, elles ont recherché pour leurs clients le meilleur rapport qualité/prix, sachant qu'elles n'étaient plus rémunérées que par les frais de service payés non pas par les compagnies, mais par les clients.

Et le cycle infernal s'est mis en marche sans que les compagnies s'en rendent compte. Pour compenser la concurrence accrue, attisée par les intermédiaires dont on avait supprimé la fidélité, les compagnies aériennes ont baissé leurs prix, non pas de l'équivalent des commissions versées auparavant, mais infiniment plus, disons de l'ordre de 25 à 40 %, soit quatre fois le montant qu'elles étaient censées économiser. Ainsi, le mépris de la profession qui faisait vivre le transport aérien a conduit ce dernier à saborder son système de prix et d'ailleurs à ne plus le contrôler du tout. Un agent de voyages peut en effet vendre au prix qui lui convient, puisqu'il n'est plus mandaté par le transporteur.

Depuis cette révolution dans les rapports entre le circuit de distribution et le transport aérien, les agents de voyages ont été amenés à se réformer en profondeur, ce qu'ils ont fait avec la souplesse propre au système des PME.

Certaines ont bien entendu disparu, mais les agences restantes ont gagné en rentabilité alors que le transport aérien s'est appauvri.

Il reste cependant une épine sérieuse dans les relations entre ces deux pôles opposés au lieu d'être complémentaires, c'est la délicate question des garanties financières. L'IATA, l'organisme qui gère le transport aérien mondial, fournit aux agents de voyages des agréments qui leur permettent d'utiliser une billetterie neutre entre les compagnies aériennes, qui seule permet de vendre efficacement ce transport. Or, pour avoir cet agrément, l'IATA demande des garanties financières très sérieuses aux agents de voyages, afin de se protéger contre des défauts de paiement. Tout cela est parfait, sauf que la réciproque n'est pas vraie et les agents de voyages demandent maintenant avec quelque insistance aux transporteurs aériens de fournir les mêmes garanties de bonne fin. Les dépôts de bilan des compagnies aériennes ont été très nombreux et chacun d'entre eux a des conséquences considérables. Les faillites de Swissair, Sabena, Pan Am, Braniff, et j'en passe, ont marqué les esprits. Jusqu'à présent, les demandes des agences de voyages se sont heurtées à un mur. Les compagnies seraient probablement bien inspirées de résoudre cette affaire avant que, sous la pression des consommateurs qui sont également des électeurs, les autorités de Bruxelles ne prennent des mesures administratives aussi contraignantes que celles décidées pour les retards des avions ou le « surbooking ». À ne pas vouloir traiter un sujet soi-même, on s'expose à le voir traité par d'autres dans des conditions beaucoup plus défavorables.

C'est la faute des autres

Les responsables du transport aérien, à commencer par ceux de l'IATA, ont pris la fâcheuse habitude d'attribuer aux « autres » leurs mauvais résultats économiques. Les « autres » sont nombreux et variés.

Merci tout d'abord au volcan Eyjafjöll qui, en perturbant gravement l'espace aérien européen, pourra fournir une explication toute faite aux futures pertes dans le transport aérien. Mais, pour importantes qu'elles soient, les catastrophes naturelles ne sont pas suffisantes pour expliquer les résultats catastrophiques de ce secteur d'activité. Il faut trouver d'autres responsables puisque les dirigeants des compagnies aériennes s'exonèrent de toute responsabilité.

D'abord, les gouvernements qui taxent sans vergogne ce secteur d'activité. Il faut voir la levée de boucliers chaque fois qu'une nouvelle taxe est annoncée, ce qui arrive tout de même assez fréquemment. C'est oublier un peu vite que les mêmes gouvernements ont protégé ce secteur d'activité pendant des années, allant même jusqu'à recapitaliser les compagnies aériennes en grande difficulté au-delà du raisonnable, comme on a pu le constater dans le cas d'Alitalia.

Ensuite, les aéroports et en règle générale tous les sous-traitants accusés de s'enrichir sur le dos des pauvres compagnies. Une récente étude d'Oddo Securities montre que, en effet, dans la chaîne du transport aérien, ce sont les compagnies aériennes qui créent le moins de valeur ajoutée : 6 %, contre par exemple 16 % aux constructeurs d'avions, 15 % aux sociétés de leasing, 14 % aux assistants aéroportuaires, 13 % aux sociétés de catering aérien, 10 %

aux aéroports eux-mêmes et tout de même 30 % aux GDS (7). Mais là encore, hormis les aéroports qui sont souvent en situation de monopole, les autres acteurs sont eux aussi en concurrence totale et les compagnies aériennes n'hésitent surtout pas à en profiter pour faire baisser le coût des prestations qu'elles leur achètent.

Le prix du pétrole qui pèse lourdement sur les comptes des compagnies et dont on ne peut pas contrôler l'évolution. Voilà une explication simple et compréhensible par chacun. Ces traders qui font monter les prix créent la perte du transport aérien. Voilà qui est parfaitement hypocrite. Pendant les années récentes où le cours du pétrole s'est envolé, les compagnies aériennes ont compensé ces hausses par des surtaxes carburant, lesquelles étaient de façon curieuse parfaitement acceptées par les passagers. Signalons d'ailleurs au passage que, lorsqu'elles étaient commissionnées par les compagnies aériennes, les taxes étaient exclues de l'assiette des ventes des agences de voyages qui collectaient l'impôt gratuitement. Or, pendant cette hausse des cours pétroliers, la plupart des compagnies aériennes se sont protégées en achetant leur pétrole à un prix convenu alors largement au-dessous du cours, le tout étant couvert par une assurance. Évidemment, lorsque la conjoncture s'est retournée et que le prix du baril a été grosso modo divisé par deux, cela a été une très mauvaise nouvelle pour ces compagnies qui avaient anticipé la hausse. Non seulement elles ont été amenées à payer leur carburant largement au-dessus du cours public, mais elles ont également dû payer les assurances, le tout sans pouvoir prendre des surtaxes carburant, lesquelles ne seraient alors pas acceptées par les passagers. À trop vouloir jouer au casino, on finit toujours par perdre.

Et puis, en fin de compte, c'est la faute des clients qui n'acceptent plus de payer un prix qui couvrirait les besoins économiques des compagnies. Mais qui a enseigné aux mêmes clients que le produit du transport aérien ne valait plus rien puisque l'on pouvait trouver sur le même vol et dans la même classe de service des prix allant du simple au... décuple ? Pourquoi, dans ces conditions, le client n'irait-il pas chercher le prix le plus avantageux ? D'autant plus qu'il est aidé dans sa quête par les agents de voyages et par Internet et les moteurs de recherche. Il existe des sites comparatifs tout à fait fiables et efficaces. Finalement, le transport aérien est puni par où il a péché.

Vous avez un problème ? Écrivez-nous

Voilà la meilleure façon de se débarrasser des passagers encombrants qui ont un motif d'insatisfaction. C'était fin novembre et j'avais réservé un vol easyJet Orly-Genève et retour dans la même journée. L'assistant aéroportuaire d'easyJet à Orly était Servisair et, pour des motifs internes à cette dernière société, le personnel était en grève. Par conséquent, le vol était annulé. Pour se débarrasser au plus vite des passagers et éviter une éventuelle émeute, cela s'est vu, easyJet avait mis un agent de bonne volonté, certes, mais qui ne pouvait que répéter les consignes qui lui avaient été données : « Le vol est annulé. Achetez un autre billet sur une autre compagnie, il vous sera remboursé ainsi que le trajet Orly – Charles-de-Gaulle, la seule solution alternative étant avec Air France, et de plus votre billet de ce jour sera également remboursé. » À l'appui de cette affirmation, la jeune fille remettait aux passagers une note indiquant les procédures de remboursement. J'ai donc acheté un billet Air France aller-retour parce que je me voyais mal laisser ma voiture dans un aéroport et revenir dans un autre, et j'ai suivi la procédure pour demander le remboursement promis. C'est simple, il vous suffit d'aller sur le site Internet easyJet à la rubrique correspondant à votre demande et qui n'est pas marquée comme telle sur le site et où vous ne trouverez… rien qui ait une relation quelconque avec un remboursement. Vous pouvez alors appeler le numéro indiqué, qui est un numéro surtaxé, c'est-à-dire qu'il rapporte de l'argent à la compagnie et que vous êtes obligé d'écouter une voix enregistrée qui, pendant plusieurs minutes, vous explique qu'il vous faudra appuyer sur le 1 si vous voulez faire une réservation, le 2 pour une information sur les tarifs… que sais-je, et que pour le reste vous pouvez toujours rester en ligne en attente d'un hypothétique interlocuteur qui doit se trouver dans un « call centre » quelque part dans le monde! Je me suis donc résolu à écrire… au siège social pour obtenir partiellement satisfaction. Mais combien de clients qui se sont trouvés dans la même situation l'ont-ils fait?

Cette petite anecdote illustre parfaitement le comportement des compagnies aériennes à l'égard du client. En cas de problème, ce dernier ne trouvera aucun responsable, il n'aura pour interlocuteur qu'un agent sans aucun pouvoir de décision, si ce n'est celui de réciter une réglementation qu'il connaît d'ailleurs plus ou moins. Toute l'astuce consiste à se débarrasser du gêneur et, pour cela, à le renvoyer dans un système écrit où il sera possible de l'isoler des autres passagers de façon à toujours se trouver en position de supériorité face à lui. En fait, le transport aérien n'a pour relation avec ses clients que le fait de pousser ces derniers d'un endroit à un autre : du comptoir d'enregistrement à la salle d'embarquement, de cette dernière à l'avion, de l'avion au terminal de destination, et de là... au revoir !

Je me suis longtemps demandé pourquoi dans cette activité on ne parle que de passager alors que ce même individu devient un client dès qu'il arrive à son hôtel ? Un ami hôtelier m'a finalement expliqué très simplement que le même individu n'était jamais en contact avec les mêmes personnes dans le transport aérien alors que, dès qu'il arrivait à son hôtel, il retrouvait toujours au moins le réceptionniste s'il avait une réclamation. Et là, il devient un client.

12

La grande détresse des prestations à bord

> « Il subsiste encore sur “notre terre” des individus dont la préoccupation majeure et les intérêts les plus affirmés sont de manger bien, de boire froid, de se divertir et de se reproduire. »
>
> Boris Vian

« Si vous voulez déjeuner, allez au restaurant. Londres-Nice 29 £ ». Voilà le type de publicité qui a largement contribué à la prospérité d'easyJet. C'est assez dire combien cette compagnie a pu bâtir son système économique sur la négation du service à bord. Mais ce n'est qu'une apparence. La réalité est tout autre.

L'importance des prestations à bord

La statistique est bien connue de tous les professionnels du transport aérien: 50 % des passagers ont peur à bord d'un avion. Reconnaissons qu'il n'est pas naturel de se retrouver dans un engin qui pèse plusieurs dizaines, voire des centaines, de tonnes et vole à 10 000 mètres d'altitude à 900 km/h. De plus, chacun sait qu'en cas d'accident les chances de survie sont tout simplement minimes. Ajoutez à cela que certains vols sont très turbulents et que l'on se demande parfois si l'avion dans lequel on est assis est bien solide. Bref, tout concorde à créer un sentiment d'insécurité qui peut parfois dégénérer en peur panique entraînant des comportements incohérents.

Ce sentiment est d'ailleurs exacerbé par le stress que connaissent tous les passagers avant d'accéder à bord de l'appareil : formalités d'enregistrement, de police, de sécurité et enfin d'embarquement, chacune agrémentée d'une queue plus ou moins bien supportée selon que le passager a du temps ou que son départ est proche. Imaginez en plus que, non content d'avoir supporté tous ces désagréments avec la peur de manquer son vol, il faut fréquemment attendre la mise en route des moteurs, soit parce que tous les passagers ne sont pas à bord, soit parce qu'il faut faire une reconnaissance de bagages, soit encore parce que la tour de contrôle a donné un « créneau de décollage », en clair que le contrôle aérien retarde le départ pour de bonnes ou de mauvaises raisons. Il arrive en effet que les effectifs du contrôle aérien ne soient pas au complet, car les représentants du personnel ont alloué à certains contrôleurs une journée de repos.

Voilà des tas de bonnes raisons pour ne pas se sentir bien à bord d'un avion. Il convient de compenser cela par le service. Celui-ci est composé de nombreux facteurs. La qualité du siège sur lequel on est assis, sa place dans la cabine, à l'avant ou à l'arrière, son écartement par rapport à la rangée précédente, l'inclinaison du dossier, surtout sensible dans un long-courrier, le volume occupé par son ou ses voisins lorsque l'on vous a attribué un siège au milieu d'une rangée. La qualité de l'équipage : sur un long-courrier, c'est un élément déterminant de la qualité du vol, indépendamment du niveau des prestations. Rien de pire que d'essayer d'alerter en vain un steward ou une hôtesse qui ne vous prête aucune attention ou qui simplement discute dans le carré réservé aux équipages. Et, bien sûr, la qualité des prestations à bord. Le repas est indiscutablement un moment de détente qui devrait se transformer en bien-être.

Une dérive qui ne date pas d'aujourd'hui

Tant que les gestionnaires ne s'étaient pas emparés de la prestation à bord, les repas et boissons étaient satisfaisants. La différenciation était marquée entre les différentes classes, lesquelles étaient séparées par des cloisons en dur. Mais devant les dérives des prix de vente, les compagnies ont commencé à vouloir faire des économies sur le prix du catering. Cela a commencé lorsque Air France a lancé ses « vols vacances » entre la métropole et les Antilles en 1977. On donnait alors aux passagers, à l'entrée de l'appareil, un coffret en carton que l'on récupérait en fin de vol. Ce qu'il y avait dans le coffret était toujours un objet de curiosité, si ce n'est d'inquiétude.

Depuis, on a fait beaucoup mieux. Certains esprits mathématiciens ont calculé le gain de carburant que l'on pouvait faire sur un vol transatlantique en diminuant la part de camembert. Ne riez pas, c'est parfaitement exact et cela a été suivi d'effet. Le cycle infernal s'est enclenché. Moins on vend cher, moins on met d'argent pour les prestations à bord, et moins celles-ci sont bonnes, moins on peut vendre cher un produit qui finit par ne plus exister.

Ainsi, pour économiser 2 € en classe économique, moins de 10 € en classe affaires et moins de 30 € en première classe, certaines compagnies ont détruit la qualité de leur service à bord. Or cela n'est absolument pas cohérent avec les campagnes de communication qui sont presque toutes fondées sur le rêve, et la qualité du service par rapport aux concurrents.

La mainmise par les gestionnaires

Loin de moi l'idée de faire passer les gestionnaires pour des empêcheurs de tourner en rond et que leur rôle ne soit pas utile ; cependant, je m'interroge sérieusement sur leur capacité à définir le produit aérien. Or c'est bien ce dont il s'agit. Cela est vrai bien entendu pour les transporteurs « low cost » pour qui le service à bord est une source de profit et non de coûts, mais c'est hélas également vrai pour les compagnies traditionnelles qui faisaient de leur service un élément majeur de la qualité de leur produit.

Depuis près de vingt ans, les transporteurs se sont lancés dans la course aux économies. Tout est bon à prendre et les plus petites économies deviennent vite significatives si elles sont multipliées par des millions de passagers. Très vite, la pression a été mise sur les sociétés de catering, en clair celles qui produisent et mettent à bord les prestations de services aux passagers. Il fallait que le plateau-repas soit toujours agréable à voir, mais pour ce qui est de son contenu, cela a de moins en moins d'importance. La qualité du repas servi est directement fonction du prix payé, sauf que, dans ce prix, la matière servie, en clair le morceau de poulet ou la salade et le dessert, n'entre que pour moins de 10 % dans le prix de revient. Le reste est composé par le « dressing », c'est-à-dire la présentation et les coûts de main-d'œuvre.

Mais les sociétés de catering ont également leurs gestionnaires. Et ces derniers ont fait pression sur leurs sous-traitants pour faire baisser les coûts de fabrication. C'est ainsi que la tranche de poulet qui vous est servie provient d'un poulet élevé en batterie en Thaïlande, abattu sur place, envoyé découpé dans une usine de préparation située aux Pays-Bas et de là acheminé vers la société de catering : Servair, Gate Gourmet, Newrest ou autre, qui ne fait pour l'essentiel que de l'assemblage de plateaux en fonction de ce qui a été souhaité par le gestionnaire de la compagnie cliente.

Étonnez-vous après cela que ce que l'on vous sert à bord soit très souvent immangeable ou, au mieux, médiocre. Je pense qu'il faudrait obliger les responsables de la définition des prestations d'une compagnie aérienne à se nourrir tous les jours de ce qu'ils proposent à leurs passagers. Je suis certain que l'amélioration ne se ferait pas attendre.

Paradoxalement, les produits servis sur les compagnies « low cost » sont de meilleure qualité, tout simplement parce que, s'ils ne sont pas bons, ils ne sont pas vendus. Or la recette sur ces ventes à bord constitue une composante importante de la rémunération des personnels navigants commerciaux et un revenu non négligeable pour la compagnie. Il existe même des systèmes dans lesquels l'intégralité des coûts est à la charge de la société de catering qui se rémunère uniquement sur les ventes à bord en payant elle-même les commissions aux hôtesses et stewards et la rémunération convenue à la compagnie. Ainsi, tout le monde est finalement gagnant: la société de « catering » qui est incitée à mettre à bord de bons produits, les personnels navigants qui ont tout intérêt à vendre le plus possible car ils sont commissionnés, et même le client qui a le choix ou non d'acheter, mais qui dispose de produits dans l'ensemble bien supérieurs à ce qui lui est servi, certes gratuitement, sur une compagnie traditionnelle.

Ce système fait d'ailleurs des émules et aujourd'hui nombre de compagnies traditionnelles l'ont adopté sur leurs vols de moins de deux heures. Reste à voir où est la différence dans ce cas avec un transporteur « low cost ».

L'attitude du personnel de bord

Disons-le carrément, sur certaines compagnies, l'attitude du personnel de bord est tout simplement inadmissible. Non seulement l'attention au passager – on ne peut pas alors parler de client – est nulle, mais cela tourne parfois à une relation très désagréable. Passe encore pour un court-courrier, encore que ce soit tout aussi inexcusable, mais que dire lorsqu'il faut subir un mauvais équipage pendant une dizaine d'heures de vol ? Cela a certainement été une des causes de la faillite d'Alitalia, reconnue par les passagers comme l'une des pires compagnies dans ce domaine. J'en ai été plusieurs fois le témoin, sinon la victime… parmi tant d'autres, cela va sans dire.

Heureusement, cela n'est pas toujours le cas et, dans l'ensemble, la relation entre les passagers et l'équipage est assez satisfaisante. Je dirais même que l'attitude des équipages commerciaux d'une compagnie reflète assez bien la santé financière de cette dernière. Il y a probablement une relation de cause à effet. Un bon équipage rend le voyage infiniment plus agréable même par rapport à un équipage moyen. Cela se sent à de petites touches. La coiffure est-elle soignée, l'uniforme est-il proprement porté, l'accueil est-il chaleureux ou indifférent ? Bref, on sent tout de suite si le vol sera ou non agréable.

Il faut ajouter à cela la culture des équipages. Certains pays ont naturellement un sens du service très développé, c'est en particulier le cas des pays asiatiques et cela se ressent tout de suite à bord. D'autres sont simplement professionnels, sans aucune chaleur, cela se voit sur les compagnies américaines. Les Européens sont très disparates. Sur une même compagnie, vous pouvez avoir affaire à un équipage exceptionnel et à une attitude désastreuse avec un autre équipage. Le manque d'homogénéité est assez flagrant surtout pour les compagnies de l'Europe du Sud. L'équipage parle-t-il votre langue ? Sinon, vous aurez beaucoup de mal à vous faire comprendre et même à savoir ce qui vous est dit. Les compagnies semblent se dédouaner de cet aspect pourtant primordial en diffusant les annonces de sécurité en plusieurs langues. Cela est très insuffisant.

Ajoutons que les contraintes imposées aux passagers ne sont pas homogènes d'un transporteur à l'autre et qu'elles sont incompréhensibles. Le « pompon » en matière d'interdictions comminatoires est sans conteste easyJet. Pas moins de quatorze interdictions sont imposées aux malheureux passagers pendant leur vol. Il est clair que la compagnie veut faire de la sécurité un argument marketing majeur, mais cela entraîne tout de même quelques excès. Pourquoi, par exemple, faut-il que les femmes mettent leur sac à main dans les racks à bagages pour les phases de décollage et d'atterrissage ? Et si cela est si important pour la sécurité du vol, pourquoi cette même contrainte n'est-elle pas imposée par les autres compagnies ? Seraient-elles plus laxistes ?

Il n'en demeure pas moins que certaines compagnies fournissent en la matière un service de très grande qualité, comme les transporteurs d'Asie du Sud-Est, que j'ai déjà mentionnés, mais aussi ceux du Golfe. Ces compagnies, en effet, doivent conquérir leurs passagers et elles ont bien compris que le service à bord était un élément déterminant. Après tout, si l'on veut vendre à un prix élevé qui permette de couvrir les coûts des transporteurs, il faut fournir le produit correspondant. Les grands restaurants ont des additions vingt fois plus élevées que certains petits bistrots. Ils ne peuvent tenir cette différence que par un énorme différentiel sur leur prestation. Ce qui est vrai au sol l'est également en l'air. Les gestionnaires feraient bien d'en prendre conscience.

L'énorme différence entre les compagnies

C'est un phénomène très étrange. En théorie, rien de plus semblable à la prestation d'une compagnie que celle de ses concurrents. Les transporteurs utilisent les mêmes appareils, avec des règles opérationnelles identiques, ils partent et arrivent dans les mêmes aéroports, voire dans les mêmes terminaux, ils ont des horaires similaires. Bref, une prestation d'une compagnie n'est en rien différenciée de celle de ses homologues. C'est d'ailleurs ce que veulent nous faire croire les transporteurs qui s'échangent des « code shares ».

Et, pourtant, regardez les publicités des compagnies aériennes. Elles sont toutes fondées sur ce qui les différencie des autres : les sièges, les prestations à bord, l'amabilité des équipages, la décoration des appareils, que sais-je ? À coup sûr, la sensation d'un voyage réussi tient à de toutes petites touches qui, ajoutées les unes aux autres, font une vraie différence.

Mettons à part les « low cost » dont le modèle économique est très différent des compagnies traditionnelles. Il existe une différence considérable dans le « produit » aérien entre les compagnies dont le seul but est manifestement d'en donner le minimum (c'est le cas, en général, des compagnies européennes et, hélas, d'Air France en particulier, mais je pourrais citer également Iberia) et celles qui ont conservé l'attention aux clients ou pour lesquelles la qualité du produit est un élément majeur de la conquête des marchés. Dans cette catégorie, mentionnons les transporteurs du Golfe, qui doivent se tailler une part de marché au détriment des transporteurs installés depuis beaucoup plus longtemps, et les compagnies d'Asie du Sud-Est qui gardent leur tradition d'accueil et de qualité de service.

L'écart se constate dans toutes les classes de services, mais il est encore plus flagrant sur les classes situées à l'avant de l'avion : première et affaires. Les conséquences sont donc infiniment plus dommageables pour les compagnies qui ont laissé leur produit dériver vers le bas car elles perdent, au profit des autres, une recette indispensable à leur survie même. Je n'arrive d'ailleurs toujours pas à trouver une explication rationnelle à cette diminution, sans doute voulue, de la qualité du produit de certaines grandes compagnies, à moins qu'elles n'aillent jamais voir ce que font leurs concurrents. En tout cas, elles ne peuvent pas se plaindre de perdre des clients qu'elles n'ont jamais essayé de retenir si ce n'est en leur attribuant des « miles » qu'ils n'utilisent pas.

L'équipement de cabine ne fait pas tout

Certes, un voyage agréable ne repose pas uniquement sur l'équipement de la cabine. Je me souviens d'un vol très plaisant en première classe d'Air India qui était pourtant équipée de sièges d'une conception très ancienne. Ce handicap technique était compensé par la générosité des prestations, la qualité du service et l'amabilité de l'équipage. Mais le confort des sièges est quand même un aspect important de la qualité d'un vol, surtout lorsqu'il est de plusieurs heures. Comment expliquer qu'Air France, puisqu'il faut y revenir, utilise, sur des trajets tels que Paris-Amman d'une durée de près de cinq heures, les mêmes sièges que sur un Paris-Nice? Il ne faut pas s'étonner alors de voir la clientèle affaires passer à la concurrence de Royal Jordanian, qui dispose de vrais sièges affaires et d'un service très supérieur à son concurrent.

Et que dire des équipements des « hubs »? Une exploitation sous forme de « hub » est un choix stratégique lourd. Il doit évidemment être soutenu par un irréprochable équipement technique de la plate-forme de correspondance, c'est-à-dire que l'aéroport de correspondance doit être pratique pour les passagers, très bien signalisé, confortable et équipé pour ne pas sentir passer le temps de transit, qui peut tout de même être de plusieurs heures. Eh bien, hormis Zurich et dans une moindre mesure le terminal Iberia à Madrid, les aéroports européens ont de considérables progrès à faire et l'on ne voit d'ailleurs pas comment ils pourront les réaliser, tant l'architecture de certains, Londres Heathrow et Paris Charles-de-Gaulle par exemple, est défaillante, pour ne pas dire irrationnelle. Comment alors s'étonner que les clients préfèrent un transit dans un aéroport bien équipé, comme Dubai, Singapour ou Hong Kong à celui de plates-formes vieillissantes ?

Et puis il y a cette attitude du personnel dont nous avons déjà parlé. Autant certaines compagnies ont formé leurs équipages et les personnels au sol aux notions d'accueil, autant sur nombre d'autres compagnies le client a l'impression d'être transparent, au mieux, et un vrai gêneur s'il a des questions à poser ou des remarques à faire, et cela pour des voyages sans histoire. Dès qu'un incident se produit, et cela est tout de même fréquent, voire normal, la différence de traitement des compagnies est énorme. Bien sûr, les clients ne sont pas toujours exempts de responsabilité dans la survenance d'incidents. Il y a ceux qui ont des bagages manifestement trop lourds ou encombrants mais qui ne veulent pas payer le supplément et bloquent inutilement les comptoirs d'enregistrement. Il y a ceux qui, à bord, passent leur temps à se lever et à s'interpeller joyeusement sans tenir compte des autres passagers. On a même vu deux passagers tenter de s'égorger sur un vol entre Athènes et Paris. La qualité de l'équipage, son sang-froid et sa formation font alors toute la différence entre une situation qui peut s'envenimer ou une situation qui revient au calme. Saluons l'attitude des personnels des grandes compagnies : en général, dans des conditions difficiles, ils sont à la hauteur. La formation est plus intense, plus régulière, et donne de bons résultats dans ces cas-là.

13

Le plaisir de voler… envolé !

> « Échangerais n'importe quoi contre ce qu'on voudra. Ne pas s'adresser à n'importe qui, n'importe quand mais à M. Onésime Schwxyzmnpquiproko, 26, rue de l'Omoplate-Gauche – Torzy-les-Bretelles, les lundi, mercredi et vendredi entre 15 h 02 et 16 h moins 58. »
>
> Pierre Dac

Rappelons encore ce constat d'ordre général : 50 % des passagers ont peur en vol. En conséquence, on est peu à l'aise lorsque l'on part pour un voyage en avion. Pourtant, il faut reconnaître que ce secteur d'activité se soucie très peu de rendre le déplacement agréable.

Le stress commence au premier contact avec la compagnie

Mettons-nous un instant à la place d'un client occasionnel qui ne dispose pas de l'assistance d'un secrétariat ou d'un service voyages. Comment entre-t-il en contact avec la compagnie aérienne ? Il a le choix entre aller sur le site Internet de la compagnie ou prendre contact par téléphone.

Les sites Internet ont fait beaucoup de progrès ces dernières années et ils sont devenus plus conviviaux, surtout lorsqu'ils parlent votre langue. Ce sont d'ailleurs les sites qui vous indiquent le prix du moment avec la réglementation, et vous devez avoir lu complètement celle-ci puisque l'on vous demande de l'accepter. Bel exemple de camouflage car, enfin, qui a lu les pages de réglementation à laquelle est soumis le client, à l'exception peut-être du rédacteur, et encore, je ne suis pas sûr qu'il n'y ait pas eu une équipe entière pour créer ce qui ressemble beaucoup à un fatras. Bref, une fois sélectionné votre vol, vous devez encore fournir plein d'explications plus ou moins utiles et le système essaiera de vous « fourguer » – le mot n'est pas trop fort – une prestation complémentaire: chambre d'hôtel, location de voiture ou assurance, qui constitue une part importante du revenu de la compagnie. Le plus difficile souvent consiste, pour le client internaute, à se défaire de la souscription de l'assurance. Faut-il que les compagnies gagnent beaucoup d'argent sur cette prestation quand on voit combien elles insistent pour vous la vendre. Et puis vient le moment où il faut payer. Vous avez le choix entre une carte de crédit et… une carte de crédit. Et ce mode de paiement n'est pas gratuit. Vous devez payer pour avoir le droit de payer souvent très à l'avance un billet qui, si vous n'avez pas bien lu, peut n'être ni modifiable ni remboursable. Tout cela fait la trésorerie des compagnies, car si vous achetez votre billet dans une agence de voyages, la compagnie ne recevra le règlement que dix-huit jours après la fin du mois d'achat, au mieux. C'est une bonne raison pour vous contraindre à utiliser ce moyen d'acquisition.

Ne demandez pas pour autant trop de détails sur votre vol, tels que le type d'appareil, les prestations servies, l'écartement des sièges et leur inclinaison. Ces sites sont faits pour vendre et rien d'autre. Pour le reste, vous pouvez toujours appeler la compagnie. Je sais bien que nombre de sites donnent quelques indications codées, mais y a-t-il beaucoup de clients assez avertis pour les décoder ? Vous savez ce qu'est un EMB 145 voire un B777 ou un A340/200 ? Quelques photos intérieures et extérieures seraient les bienvenues, comme d'ailleurs l'ont bien compris les hôteliers qui offrent des visites virtuelles de leur établissement.

Enfin, vous recevez sur votre adresse e-mail le billet électronique dont la lecture est tout de même ésotérique. Certes, tout est écrit, mais qui sait par exemple que C2E BEG 211209 JU 8241 signifie qu'il s'agit d'un vol entre Paris Charles-de-Gaulle terminal 2E à destination de Belgrade le 21 décembre 2009 avec la compagnie serbe JAT ? Où faut-il d'ailleurs se présenter, sachant ou ne sachant pas que ce vol est en réalité opéré par la compagnie Air France ? Ne peut-on pas être plus explicite ? Ne peut-on pas fournir un plan d'accès au terminal 2E de Roissy-Charles-de-Gaulle ? Les habitués des aéroports parisiens savent où se diriger, mais combien de clients n'en ont aucune idée ? Alors que l'informatique devrait permettre de donner facilement des détails, les responsables du transport aérien n'ont, eux, aucun problème pour déchiffrer leur langage et ils ne se posent pas la question des clients béotiens.

Maintenant, vous pouvez également vous adresser à la compagnie par téléphone. Vous serez alors happé par un système téléphonique qui, après avoir filtré votre demande au travers des numéros que vous devez successivement composer – « Si vous voulez un renseignement, tapez 1, si vous voulez faire une réservation, tapez 2, si vous voulez faire une réclamation, tapez 3, pour toute autre demande, tapez 4 ou restez en ligne » –, vous mettra en attente entre quelques secondes pour les plus chanceux et quelques dizaines de minutes pour d'autres. Enfin, une fois sur deux au moins, vous aurez comme interlocuteur un agent situé dans un de ces fameux « call centres », lequel peut se trouver dans votre pays, mais également sur un autre continent. Mieux vaut formuler une demande simple. Vous pourrez alors faire votre réservation, mais vous ne recevrez pas votre billet. Il vous faudra aller le chercher dans une agence de voyages ou au comptoir de ventes de l'aéroport, et il n'est pas certain que vous sachiez où il se trouve.

Bref, dès le départ, vous voilà placé dans une situation d'énervement qui commence sérieusement à vous gâcher le plaisir de voyager.

Tout au long du trajet pour l'aéroport, l'angoisse n'est pas très loin

Je ne parle bien entendu que des clients occasionnels du transport aérien, mais ils sont très nombreux. Voici le moment de partir à l'aéroport. Vos bagages sont prêts, vous avez ce qui ressemble à un billet d'avion et vous voilà parti. Petit à petit, le doute s'installe. Où dois-je me rendre, comment mon terminal sera-t-il signalé, et d'ailleurs quel est mon terminal ? Je connais des gens qui se rendent la veille de leur départ à l'aéroport simplement pour repérer les lieux. Serez-vous à l'heure ? On vous a parlé (ou non d'ailleurs) de la fatidique heure limite d'enregistrement.

De quoi s'agit-il? Et puis il y a tout ce trafic, vous escomptiez un peu de fluidité, mais voilà qu'il pleut et que les embouteillages commencent. Enfin, vous arrivez dans la zone aéroportuaire. Vous êtes encore dans les temps, mais enfin il n'y a rien de trop. Maintenant, il s'agit de lire avec attention les panneaux. Mais ceux-ci sont rares, en particulier à Paris et le trafic vous pousse à 80 km/h. Et puis vous voyez un panneau: « Terminal 1: à droite, Terminal 2: tout droit, Terminal 3, avec le Terminal 1. » Mais vous devez aller à quel terminal? Votre compagnie n'est pas indiquée. Vous demandez à votre épouse (car vous partez en vacances) de sortir le billet et de vous indiquer où vous devez aller. Mais elle a beau lire ce billet ésotérique, elle ne sait pas. Et ce fichu trafic qui continue à vous pousser à 80 km/h!

Vous choisissez une direction et, coup de chance – mais vous ne le savez pas encore –, c'est la bonne. Cependant, en vous concentrant sur le terminal, vous en avez oublié de regarder votre parking longue durée. Il ne vous restera plus qu'à aller en dessous de votre terminal, ce sera plus cher, mais tout de même plus pratique... à la condition qu'il ne soit pas fermé, totalement ou partiellement, pour entretien. Ne riez pas, cela arrive fréquemment. Voilà, vous êtes garé dans cet immense parking et vous déchargez vos bagages qui commencent à peser bien lourd... et vous ne trouvez pas de chariot! Le temps passe, et vous n'êtes toujours pas dans l'aérogare. Encore un effort, les ascenseurs fonctionnent – ce n'est pas toujours le cas –, et vous voilà dans l'aérogare.

Comment se détendre dans l'atmosphère des aéroports ?

Le terminal est immense, où aller au milieu de ce brouhaha, de la foule qui se bouscule, car vous avez eu la mauvaise idée de prendre votre avion un jour de grand départ. Enfin, vous avisez un panneau où tous les vols sont indiqués. Vous avez repéré le vôtre, qui est suivi d'un numéro de zone d'enregistrement où vous devez maintenant vous rendre. Où est-elle ? Je connais beaucoup d'aéroports où trouver son comptoir d'enregistrement n'est pas si aisé. Vous commencez sérieusement à vous inquiéter. Il ne vous reste plus que quarante-cinq minutes avant la fatidique HLE (heure limite d'enregistrement). Enfin, voilà votre zone. Elle est bondée ! Vous ne savez pas à quelle allure avance la queue. D'ailleurs, vous commencez à être arrêté par un agent qui vous demande votre billet et probablement une pièce d'identité. À partir de ce moment-là, ayez toujours sous la main cette fameuse pièce d'identité, on n'a pas fini de vous la demander.

Vous vous dites que vous n'y arriverez jamais, mais finalement cela va plus vite que vous ne le pensiez et vous voilà devant l'agent d'enregistrement. Bien entendu, vous ressortez votre pièce d'identité et votre billet. L'agent vous attribue des places, mais vous ne voyez pas le plan de cabine et vous ne savez pas forcément à quelles places correspondent les 26E et 26F que l'on vous a données. Tant pis, vous le verrez bien dans l'avion. Or toutes les places ne sont pas semblables, mais, si l'agent a bien fait son travail et s'il a le choix, il vous aura demandé si vous préférez une allée ou une fenêtre. Ce n'est pas toujours le cas. Il vous indique maintenant où se trouve la porte d'embarquement.

Sauf que vous n'avez rien compris à ses explications, car votre esprit est déjà très encombré, et vous acquiescez ne serait-ce que pour débarrasser le comptoir, car vous pensez aux autres passagers qui sont dans votre cas.

Allez, il est temps de vous diriger vers la queue suivante : le contrôle des passeports ou des pièces d'identité. Quand on vous disait de toujours garder vos papiers à portée de main ! Le contrôle est en général assez rapide lorsque vous sortez du territoire. Ce n'est pas le cas au retour. Passé le contrôle des passeports, vous rejoignez une queue beaucoup plus importante : le filtre de sûreté. Cela s'appelle un PIF (poste d'information filtrage). Commencez par donner vos papiers à l'agent au début de la queue et préparez-vous à les redonner à l'agent qui est juste à côté de la machine à rayons X. À ce stade, vous commencez à être passablement énervé et même un peu inquiet car, décidément, la queue n'avance pas très vite. Vous vous rassurez comme vous pouvez, par exemple en demandant à la personne devant vous si par hasard elle va prendre le même vol que vous. Ouf, c'est le cas ! Au moins ne serez-vous pas le seul à manquer votre avion. Arrivé enfin aux rayons X, un agent plus ou moins aimable – cela dépend souvent de son degré de fatigue et de votre attitude, restez zen – vous demandera de vider vos poches, d'enlever un hypothétique ordinateur de votre bagage à mains, de poser votre veste, votre ceinture et vos chaussures, pourquoi pas ? Allez, dites-vous que tous ces désagréments sont pour vous protéger, ce qui n'est d'ailleurs pas le cas, mais... passons, et traversez le portique en sortant vos mains de vos poches (on se demande pourquoi puisque cet appareil sert à détecter ce que vous avez sur vous) et en essayant de ne pas le faire sonner. Vous avez réussi. Pas tout à fait cependant, car le préposé à l'examen de votre bagage a détecté un liquide. C'est tout simplement votre bouteille d'eau, mais elle a une capacité supérieure à 100 ml. Ou bien elle vous est confisquée, ou bien vous allez l'enregistrer. Vous en revenez, merci bien, vous n'avez aucune envie d'y retourner. Vous abandonnez donc votre bouteille ainsi d'ailleurs qu'un coupe-ongles suspect.

Vous voilà du bon côté de l'aérogare, votre salle d'embarquement ne peut être bien éloignée. D'ailleurs, la voici. Beaucoup d'autres passagers sont debout près du comptoir d'embarquement car il n'y a pas assez de places assises. Les formalités d'embarquement ne vont pas tarder à commencer et, si vous voulez vous rendre aux toilettes avant d'embarquer, vous n'avez plus le temps de faire les petits achats hors taxes que vous envisagiez. Ça y est, l'embarquement commence et votre rangée de sièges est appelée. Il vaut mieux à ce stade ne pas avoir perdu sa carte d'embarquement, mais au fait pourquoi l'auriez-vous égarée ? Il arrive fréquemment que les passagers la mettent dans une poche inhabituelle après le filtre de sûreté. La voilà enfin et voici le moment attendu où vous allez enfin pouvoir vous détendre.

Pas du tout, car votre avion n'est pas positionné au contact de l'aérogare, mais en aire éloignée. Un bus vous attend donc en bas d'un escalier vieillissant (ceux de Roissy sont même rouillés). Eh bien, entassez-vous comme vous le pouvez et attendez patiemment le départ de l'engin, parfois vingt minutes. Pourquoi vous plaignez-vous, vous partez en vacances, vous, alors que les agents travaillent, eux ! Enfin, le bus s'ébranle et vous conduit à votre avion, lequel peut être très éloigné ou… tout proche. Il m'est arrivé plusieurs fois de prendre un bus au pied d'une passerelle pour me retrouver à une autre passerelle de la même aérogare.

Vous voici enfin à l'avion. L'équipage vous demandera une dernière fois votre carte d'embarquement et vous pourrez alors découvrir votre siège et placer vos bagages à main dans les racks situés au-dessus de vous, s'ils ne sont pas déjà totalement encombrés.

Après cela, vous voudriez que les passagers restent détendus?

Où est l'attention au client?

Voilà la question que doivent se poser tous les clients du transport aérien, tout au moins dans les aéroports européens. Le sentiment général est qu'elle est inexistante, à quelques remarquables exceptions près. Si ce n'était pas le cas, comment expliquer des absences d'équipements criantes, comme des sièges en nombre insuffisant dans les salles d'embarquement, comme une signalétique totalement défaillante, au moins dans certains aéroports, comme le fait que les bars et restaurants peuvent être fermés alors qu'il y a des vols, comme la présence insuffisante d'agents aux postes de police à l'arrivée – cela étant particulièrement vrai pour Paris –, comme le manque de postes d'inspection filtrage, puisque aussi bien il a été décidé que les passagers devaient être scrutés. Pourquoi demande-t-on aux passagers d'arriver deux heures avant le départ à l'aéroport alors que les comptoirs d'enregistrement n'ouvrent au mieux qu'une heure et demie avant le départ? Pourquoi les compagnies utilisent-elles si rigoureusement les fameuses heures limites d'enregistrement, à la minute près, alors qu'elles s'octroient un délai de quinze minutes pour calculer leur taux de ponctualité? Pourquoi demande-t-on de présenter ses papiers d'identité parfois à quelques mètres de distance? L'un des agents ne sait-il pas lire? Pourquoi les renseignements donnés en cas d'irrégularités sont-ils parfois grossièrement faux? Je me souviens d'un retard sur un vol Paris-Marseille où la compagnie, qui était alors Air Liberté, annonçait une arrivée imminente de l'avion pour embarquement alors qu'il n'était toujours pas parti de Marseille – j'avais le chef d'escale de la compagnie au téléphone. Comment expliquer que, sur les panneaux d'affichage dans les aéroports, un seul vol soit parfois affiché avec trois, voire quatre, numéros de vol différents, « code share » oblige? Pourquoi ne vous montre-t-on jamais le règlement sur lequel s'appuient les agents pour vous interdire telle ou telle pratique? En quoi l'utilisation d'un ordinateur perturbe-t-elle à ce point les instruments de navigation pour qu'il faille éteindre tout appareil électronique lors des phases de décollage et d'atterrissage? Pourquoi sur certaines compagnies baisse-t-on l'intensité de l'éclairage à l'atterrissage et ne le fait-on pas sur d'autres?

Je pourrais multiplier les interrogations à loisir. Mais, au fond, il n'y a qu'une seule réponse à tout cela: les compagnies aériennes édictent des pratiques qui les arrangent, sans se préoccuper un instant de la façon dont ces pratiques seront perçues par les passagers.

Comment voyagent les dirigeants?

Interrogez-les, tous vous diront qu'ils voyagent exactement comme leurs autres passagers, et ils en sont persuadés.

Sauf que c'est parfaitement faux. D'abord, aucun dirigeant ne paie son billet sur sa compagnie et, lorsqu'il doit voyager sur un autre transporteur, celui-ci a la courtoisie de lui offrir également son billet, à charge de revanche, bien entendu. Ensuite, tout bon président ou cadre supérieur est attendu à l'aéroport et toutes les petites et agaçantes formalités lui sont épargnées, à commencer par les queues si frustrantes pour les autres clients. Enfin, en règle générale, son siège lui a été réservé et ce n'est pas le plus mauvais.

En fait, les responsables de la définition du produit avion ne sont jamais confrontés à ce qu'ils ont créé. Voyageant gratuitement, ils n'ont aucune idée du rapport qualité/prix. Comme ils utilisent en règle générale leur compagnie, ils n'ont pas connaissance des produits de leurs concurrents.

Oui, il serait certainement très utile que les responsables de la conception d'un produit soient amenés à l'utiliser, et fréquemment. Cela changerait certainement en mieux le résultat.

14

L'IMPASSE

« Pessimiste: optimiste qui a de l'expérience. »
Pierre Desproges

Pour les transporteurs traditionnels, c'est bien d'une impasse qu'il s'agit. D'un côté, la montée en puissance des transporteurs « low cost » qui viennent « piller » les marchés les plus juteux, même s'ils créent une nouvelle clientèle, et, de l'autre côté, des compagnies incapables de faire baisser leurs charges pour les rendre comparables à celles de leurs concurrents, ne serait-ce que parce que, socialement, ce ne serait pas acceptable. Comment sortir de cette situation ?

La dégradation touche les parties vitales des compagnies traditionnelles

Dès le milieu des années 1990, tous les grands transporteurs ont transformé leur exploitation de manière à devenir ce qu'ils appellent des compagnies « à réseau global ». Pour cela, elles ont créé des « hubs » et développé des alliances.

L'exploitation sous forme de « hub and spoke », c'est-à-dire « moyeu et rayons », remonte à la fin des années

1970[1]. Elle n'est donc pas nouvelle et ses effets bénéfiques ont été largement étudiés et appliqués. Il s'agit de créer des plages de correspondance qui donneront aux clients un très grand choix de destinations avec le seul inconvénient d'une escale intermédiaire. Si celle-ci est bien organisée, cela peut devenir un moment agréable du voyage, comme c'est le cas dans les aéroports de Dubai, Singapour, Atlanta ou Hong Kong, pour ne citer que ceux-là. En revanche, cela peut être un vrai inconvénient si les aéroports ne sont pas adaptés, ce qui est le cas de nombre d'aéroports européens. Il faut alors compenser ces inconvénients par une décote tarifaire. C'est ce qui a été fait par les principaux transporteurs européens.

Cette décote est supportable si elle est compensée par une recette au moins comparable. C'est ainsi que, pour attirer les clients sur leurs vols long-courriers, les compagnies ont créé des tarifs combinés très attractifs. Par exemple, un tarif Milan-New York via Paris sur Air France est sensiblement moins cher qu'un Paris-New York seul. Seulement, il faut bien que quelqu'un paie les charges du vol. Ce sont les hommes d'affaires, qui n'ont, eux, pas besoin des services du « hub », qui en subissent les inconvénients, et à qui l'on fait payer des tarifs prohibitifs, compensés plus ou moins par des « miles », comme on a pu le voir précédemment.

Que se passe-t-il si cette clientèle, qui est d'ailleurs la plus attaquée, délaisse ces compagnies traditionnelles? Cela est d'autant plus facile que les transporteurs « low cost » ne sont pas en exploitation « hub » et qu'ils recherchent

1. Air Inter avait créé dès 1962 une plate-forme de correspondances à Lyon appelée le « Rendez-vous lyonnais ».

essentiellement des aéroports simples, lesquels conviennent parfaitement aux hommes d'affaires souhaitant faire un aller-retour dans la journée.

Les compagnies traditionnelles ne peuvent pas du jour au lendemain transformer leur exploitation et d'ailleurs, pour la plupart, elles ne le souhaitent pas. Comment alors maintiendront-elles les lignes moyen-courriers qui alimentent leurs long-courriers sauf à faire payer le vrai tarif aux passagers en correspondance ? Mais alors ces derniers ne se tourneront-ils pas vers des solutions plus directes ? En effet, pourquoi s'infliger la pénalité d'une correspondance si l'on ne peut pas en tirer un avantage tarifaire substantiel ?

Le piège des revenus dérivés

Il se passe dans le transport aérien exactement le même phénomène, même s'il est atténué, que celui qui a mis le système bancaire sens dessus dessous. En clair, au lieu de faire leur résultat sur leur produit de base, les compagnies aériennes, comme les banques, l'ont fait, depuis des années, sur les produits dérivés. Il fallait bien que cela leur retombe dessus un jour ou l'autre.

Pour le transport aérien, les recettes « spéciales » sont variées. D'abord, il y a tous ces billets non remboursables que l'on retrouve dans le compte « billets émis et non utilisés ». Cela peut constituer une recette importante, d'autant plus que la réglementation a été durcie et que de plus en plus de billets sont vendus ainsi. Cela n'empêche d'ailleurs pas les transporteurs de continuer à pratiquer le « surbooking » dans les mêmes proportions que par le passé. Il suffit de voir, pour s'en convaincre, l'envolée des coefficients de remplissage, qui dépassent souvent 80 % sur une année.

Mais le plus juteux des revenus dérivés était, jusqu'à l'année 2007, constitué par les surtaxes carburant. En clair, les compagnies se couvraient sur les cours du pétrole et payaient réellement leur carburant à un prix très inférieur à celui pratiqué par les compagnies pétrolières. À cette fin, elles ont bien entendu souscrit des polices d'assurance dont on aimerait bien connaître les montants. Cependant, bien qu'achetant leur pétrole sur une base de 60 $ le baril par exemple, elles ont encaissé des sommes considérables en surtaxe carburant chaque fois que le prix du baril montait. C'est ainsi que de très grandes compagnies, y compris notre transporteur national, ont réalisé l'essentiel de leurs profits ces dernières années.

Tout aurait été parfait et tout aurait pu continuer si le pétrole avait continué son ascension. Seulement, patatras, le cours du baril s'est effondré, passant nettement au-dessous du prix de couverture. Certes, les compagnies auraient pu continuer à prendre des surtaxes carburant – et certaines d'ailleurs le font, même de façon plus atténuée –, mais il y a fort à parier que les clients auraient très sérieusement renâclé à les payer. Et donc, exit cette recette et le profit direct qu'elle générait. De plus, les transporteurs continuent à payer leur carburant au prix de sa couverture, qui est beaucoup plus cher que le prix du marché, et il y a fort à parier que les compagnies paient également très cher les primes d'assurance garantissant ce tarif supérieur.

C'est ainsi que, tout naturellement, les profits artificiels sont devenus des pertes considérables. Cela fait des années que les transporteurs n'ont pour seule politique commerciale que la présentation de tarifs plus bas que ceux de leurs concurrents. Ils l'ont fait au détriment de leur produit, qui s'est continuellement dégradé, et ils ont oublié qu'un prix de vente ne peut pas être inférieur au prix de revient. Dans le cas des compagnies aériennes, on conviendra volontiers que le prix du carburant est une composante essentielle du prix de revient.

Pour n'avoir pas voulu affronter les réalités économiques ni enseigné aux clients que leur produit avait un prix, les transporteurs aériens se sont brûlé les ailes (c'est le cas de le dire). Cette crise sera peut-être salutaire si cette industrie revient à ses fondamentaux et à une relation claire avec ses clients.

Comment se défaire des mauvaises habitudes?

Cela fait des années que le transport aérien est à la dérive. Des années que l'IATA dénonce les mauvaises conditions dans lesquelles il opère. Mais tout cela n'est que poudre aux yeux. Les difficultés doivent être recherchées à l'intérieur du système et non à l'extérieur. Sauf que les habitudes sont tenaces et qu'il sera très difficile de s'en défaire.

Nous avons déjà évoqué certains aspects: perte de la relation avec les clients, perte de l'identité des compagnies avec la pratique des « code shares » et les alliances, perte du rapport entre le prix et le service. Il en est d'autres tout aussi pernicieux.

D'abord, dirais-je, le sentiment de supériorité qu'ont les personnels des compagnies aériennes vis-à-vis de tout ce qui ne ressort pas directement de la compagnie elle-même.

Par exemple, leurs sous-traitants, qui sont tout de même les premiers visés lorsqu'il faut faire baisser les coûts, mais aussi les agents de voyages, profession indispensable au transport aérien et totalement sous-considérée dans ce milieu. Plus grave encore est le cas des clients. La notion de client n'a pas encore pénétré les esprits des décideurs du transport aérien. Au mieux ceux-ci parlent-ils de passagers, plus souvent de « pax ». Notion bien pratique pour transformer un individu en statistique.

Il y a ensuite le magnifique isolement des grands responsables, ce qui n'est certes pas le cas des agents d'escale et des personnels navigants commerciaux en contact, eux, et de façon permanente, avec la clientèle. Mais combien de fois est-il arrivé à tout passager un peu régulier de se plaindre à la personne qui se trouve en face de lui ? La seule réponse consiste à faire écrire le plaignant au « service clientèle », lequel applique bêtement, au mieux, les règlements édictés par le transporteur sans se préoccuper de la nécessité de les faire évoluer. Bien sûr, me dira-t-on, il existe les enquêtes de passagers, mais à quoi serventelles ? Les résultats de ces enquêtes sont-ils publiés dans les médias grand public, voire au sein de la compagnie ?

Pourquoi les résultats des taux de ponctualité, de perte de bagages et d'autres incidents ne font-ils pas l'objet de publications régulières, avec un classement, dans les grands médias, comme cela se pratique d'ailleurs avec succès aux États-Unis ? Tout simplement parce que les responsables des grandes compagnies européennes ne le veulent pas. Ils ont trop peur des comparaisons et préfèrent la lecture, des études qualité confiées à des stagiaires qui ne diront jamais de mal de la compagnie dans laquelle ils espèrent entrer un jour ou l'autre. C'est ainsi que l'arrivée en masse des transporteurs « low cost » en Europe a été niée avant de devenir une douloureuse surprise. Mais quels responsables de grandes compagnies ont acheté leur billet sur une compagnie « low cost », ne seraitce que pour constater que ces derniers transportent la même clientèle que les compagnies traditionnelles ?

Il faudra bien que ces grands responsables sortent de leur tour d'ivoire s'ils veulent entrer dans le réel et non rester dans des chimères qu'ils entretiennent à longueur de réunions. Il faudra bien que les nouveaux opérateurs « low cost », ou non, apprennent les bases de commercialisation et de distribution du transport aérien, qui ne sont certes pas obligatoires pour opérer des avions à la différence des manuels d'exploitation et d'entretien, mais qui sont tout aussi nécessaires pour faire prospérer leur entreprise. Il n'est pas normal de voir tant de transporteurs mourir dans les deux premières années de leur existence.

Au fond, le grand chantier consiste à apprendre l'humilité, à se dire que, si les choses ne vont pas bien, c'est peut-être pour une part importante de la responsabilité des dirigeants, y compris des dirigeants syndicaux, à se comparer en permanence non pas à plus mauvais que soi – c'est courant dans cette profession –, mais aux meilleurs, enfin à écouter ce que disent et surtout à savoir ce que pensent les clients et les distributeurs. Il faudra certainement du temps et encore de grands désastres pour qu'ils adoptent cette attitude.

15

Et pourtant le transport aérien a encore de beaux jours devant lui

> « L'histoire de l'humanité est un mouvement constant du règne de la nécessité vers le règne de la liberté. »
>
> Mao Zedong

Voilà bien un secteur d'activité privilégié. Depuis sa création moderne, disons l'immédiat après-guerre, le transport aérien a été en croissance constante, sauf en 1991 lors de la première guerre du Golfe, où le trafic a baissé de 1 %. Certes, l'année 2009 restera une année noire avec une baisse du trafic supérieure à 3 %, mais enfin, dans l'ensemble, combien de secteurs d'activité peuvent s'enorgueillir de pareils résultats?

Il repose sur très peu de clients

Les compagnies aériennes le savent: leur nombre de clients est limité, et plus un client est régulier, plus il paie cher. Raison de plus pour l'attacher par tous les moyens et d'abord par les programmes de fidélité. En France, 50 % de la population n'a jamais pris l'avion et les voyageurs réguliers, plus de cinq voyages par an, représentent moins de 5 % de la population.

C'est dire les réserves considérables dont le transport aérien dispose. Bien entendu, sur les courtes et moyennes distances, il sera de plus en plus contraint de partager cette manne avec le train, et les taux de croissance seront inférieurs à 5 % dans les pays développés, mais combien d'activités peuvent-elles se prévaloir de telles perspectives ?

L'arrivée en force des « low cost » a été très bénéfique même pour les compagnies traditionnelles, car elle a ouvert l'avion à de nouvelles couches de clientèle, très importantes en nombre. L'absence de différentiel produit a amené les anciens transporteurs à utiliser progressivement la même gamme tarifaire que les « low cost » et l'on voit même parfois des tarifs plus bas sur les transporteurs traditionnels que sur des « low cost ». Il s'ensuit que, même dans les marchés matures, il existe encore de fortes réserves.

Il est moins coûteux que les transports au sol

Voilà qui est paradoxal. Le transport aérien est supposé être très coûteux non seulement pour les clients, mais également pour la communauté. De nombreuses études ont été conduites et toutes ont montré qu'au-delà de cinq cents kilomètres le transport aérien était moins onéreux pour la collectivité en raison de ses coûts d'infrastructure infiniment moindres que ceux des transports au sol, du train en particulier. La construction de lignes à grande vitesse en Europe est en effet extrêmement onéreuse car, outre les aspects purement techniques, les coûts d'achat des terrains et la durée des procédures d'expropriation sont considérables. Pour les petits flux de clientèle, en particulier sur les lignes transversales, le transport en avion revient beaucoup moins cher qu'en train, car les modules sont plus adaptés. Il ne serait d'ailleurs pas étonnant de voir la SNCF opérer des avions de petite capacité sur les lignes à faible trafic pour remplacer les actuels trains trop gros, et finalement trop lents et trop onéreux à opérer. Mains il faudra pour cela vaincre certains tabous selon lesquels un opérateur ferroviaire ne pourrait pas opérer des avions et une compagnie aérienne ne saurait pas opérer des trains à grand vitesse. Nul doute que, sous la pression économique, cette évolution se fera.

La pollution est un facteur majeur dans le choix des modes de transport et l'avion est montré du doigt... par son concurrent, le train. On pourra débattre longtemps des rejets respectifs de CO_2 et le transport aérien doit évidemment prendre en compte ce facteur. Il est d'ailleurs dans son intérêt financier de faire des économies de rejets dans l'atmosphère. Non seulement cela est nécessaire dans le combat général pour sauver la planète – et le transport aérien ne saurait s'exonérer de sa responsabilité –, mais toute tonne de carburant fossile non consommée entraîne de sérieuses économies. Les aspects commerciaux et monétaires ont été impuissants à faire modifier convenablement les routes aériennes, mais celles-ci seront sans doute sensiblement améliorées sous la pression écologique. On peut gagner beaucoup et à peu de frais.

Cependant, les aspects de rejets de CO_2 ne sont pas le seul facteur de pollution. Le bruit en est un autre et le transport aérien est largement mis en cause, ne serait-ce que par les riverains des aéroports. Or, en la matière, cette industrie n'a absolument pas à rougir de ses résultats et peut largement se comparer à ses concurrents terrestres. En vingt ans, le bruit des avions a été divisé par cinq sous l'effet des nouveaux moteurs à double flux et des dessins mêmes des appareils. Le cône de bruit d'un Airbus A320 qui transporte entre 150 et 180 passagers est cinq fois moindre que celui de son prédécesseur le Boeing 727, qui avait la même capacité. De plus, le bruit des avions n'est sensible que lors de son approche du sol. Un appareil est inaudible dès qu'il se trouve à son altitude de croisière, à la différence du train qui traîne son bruit au sol pendant tout son parcours.

Enfin, on peut s'interroger sur l'attitude des maires des communes riveraines des aéroports : après avoir accordé à foison des permis de construire, ils se sont plaints des nuisances tout en encaissant les impôts générés par les habitants et les sociétés installées justement là où elles trouvent des débouchés pour leurs services et des moyens d'exportation pour leurs produits.

Des continents entiers sont à équiper

Le transport aérien est particulièrement bien adapté aux pays dont les infrastructures au sol sont peu développées, ce qui est tout de même le cas le plus répandu dans le monde. Son développement est à la fois tiré par des considérations économiques – il faut bien suivre la croissance des pays émergents – et sécuritaires, car dans de nombreuses zones dangereuses l'avion reste le moyen de transport le plus sécurisé. Dans ces conditions, il n'est pas étonnant que les grands pays en rapide développement

(Brésil, Russie, Inde, Chine) voient leur transport aérien croître de plus de 10 % par an. La seule limite au développement réside pour l'instant dans les aéroports trop peu nombreux et mal équipés. Mais de considérables progrès sont faits dans ce domaine et les nouvelles plates-formes construites en Asie feraient bien des envieux, en Europe en particulier.

La croissance de ce mode de transport se poursuivra pendant de très nombreuses années. Pour tout dire, on n'en voit pas la fin et cela fait le bonheur non seulement des deux grands constructeurs mondiaux que sont Boeing et Airbus, mais également des constructeurs d'avions régionaux, comme Bombardier et Embraer, et des nouveaux venus sur le marché que sont les Russes et les Chinois. On n'en a pas fini avec ce mode de transport et c'est tant mieux, car le transport aérien est, avec les moyens de communication électroniques, le principal facteur de développement pour les années à venir.

De grands progrès restent à réaliser

Pour autant, le transport aérien ne doit pas s'exempter de gigantesques efforts pour s'améliorer. Nous avons déjà parlé des aspects liés à l'écologie, mais il reste également de gros progrès à réaliser quant à la technique. Les constructeurs sont en première ligne. Depuis longtemps, les grandes compagnies attendent un nouvel avion remplaçant des Airbus de la série 320 et des Boeing de la série 737. Ces appareils ont été conçus il y a plus d'un quart de siècle, et rien n'est pour le moment prévu pour les remplacer, car les deux grands constructeurs font trop de profits sur les modèles actuels. Près de 19 000 avions volent actuellement dans le monde, mais les experts estiment les besoins à 35 600 avions à l'horizon 2028, c'est-à-dire dans vingt ans[1]. Il faudra en réalité produire 29 000 avions nouveaux afin de remplacer les appareils trop âgés. Cela fait tout de même 1 450 appareils par an, soit 4 par jour !

Or seuls les appareils long-courriers ont des remplaçants : Airbus 380 et 350, Boeing 787 et 747-800. Rien n'est actuellement prévu pour remplacer les autres, qui constituent tout de même plus de deux tiers des flottes. Voilà un sérieux handicap et les demandes incessantes des grandes compagnies n'y changent rien. Il faudra également trouver les moteurs de la prochaine génération, moins consommateurs en carburant, moins bruyants, pour tout dire moins polluants. Mais ces derniers ont de la peine à sortir, même si Rolls-Royce investit de manière significative dans les nouveaux « propfans », un système hybride combinant réacteur et hélice.

Et puis il faudra également donner un sérieux coup de jeune aux aéroports anciens. Il n'est jamais facile de rénover un terminal aéroportuaire, d'autant plus qu'il est très difficile de le fermer provisoirement faute de pouvoir déplacer les mouvements d'avions traités. Mais, en Europe en particulier, les grands aéroports, construits dans les années 1970, ont près d'un demi-siècle et ne sont pas adaptés aux contraintes créées depuis leur conception. Les flux de passagers ont changé et leurs habitudes également. De nombreux filtres ont été ajoutés, l'économie même des aéroports a été bouleversée, car aujourd'hui les redevances

1. Source : site Internet de Boeing, www.boeing.com

aéronautiques ne constituent plus qu'une fraction de la recette des aéroports qui sont devenus de véritables galeries marchandes.

Il faudra également revoir la réglementation qui pénalise considérablement le transport aérien, surtout depuis que les terroristes ont transformé les avions en projectiles. On devra mettre au point de nouvelles méthodes de protection et d'identification des passagers afin de retrouver un minimum de fluidité. Il n'est pas normal d'obliger les passagers à passer plus de temps dans les aéroports que dans les avions. La biométrique doit se généraliser, ce sera un moyen précieux pour réduire, sinon éliminer, les queues interminables. Les efforts réalisés pour passer à la billetterie électronique ont été très payants : cela a facilité l'accès à l'avion en supprimant en grande partie le passage aux comptoirs d'enregistrement, tout en permettant de sérieuses économies à l'ensemble du secteur.

Prendre un avion est devenu pour les habitués comme pour les voyageurs occasionnels une terrible source d'inconvénients. Nombre de clients préfèrent le train, même si ce mode de transport est un peu moins rapide, parce que prendre le transport ferroviaire est incomparablement plus facile que de prendre l'avion.

16

ALORS, CES DIRIGEANTS, TOUS DES NULS ?

> « Le G20 de Londres, c'est un peu comme une réunion d'alcooliques repentis dans un bar à vin. »
>
> Jacques Attali

C'est la phrase qu'a employée Jean-Cyril Spinetta lors d'un Cannes Airlines Forum. Bien entendu, il n'en croyait pas un mot, et il avait certainement raison. Reste que l'on peut à bon droit s'interroger sur le fait que ce secteur d'activité fait de prodigieux efforts pour baisser ses coûts, de l'ordre de 2 à 3 milliards de dollars par an, en améliorant sans cesse ses méthodes et ses moyens et qu'il continue à perdre entre 4 et 5 milliards de dollars tous les ans également. J'ai demandé son avis à Pierre Jeanniot sur ce sujet. L'ancien président d'Air Canada, et de l'IATA pendant de longues années, a un avis tranché : c'est la faute de la conquête des parts de marché. Toutes les compagnies aériennes ne veulent qu'une chose : grossir au détriment de leurs concurrents qui ont d'ailleurs le même objectif. Voilà un jugement pour le moins sévère qui mérite quelques développements.

La politique a fait des dégâts considérables

L'exemple qui vient à l'esprit de chacun est bien entendu le cas d'Alitalia, même s'il n'est pas le seul. Il est caractéristique des dérives que la politique peut mettre dans la gestion. Ainsi, en vingt ans, aucun des présidents de la compagnie n'a terminé son mandat, les changements se faisant au gré des changements de gouvernement. Et, chaque fois, le nouveau gestionnaire ponctionnait un peu plus la compagnie pour faire plaisir aux syndicats de pilotes, en particulier aux élus avec la mise en place d'un malheureux « hub » à Milan Malpensa, aux électeurs en créant des lignes dont la seule justification était électorale, voire tout simplement à lui-même en s'octroyant une rémunération sans commune mesure avec ses homologues des autres compagnies aériennes et un parachute très doré pas inutile dans cette phase de danger. Le résultat prévisible a bien fini par arriver et cela s'est traduit par le licenciement de plus de dix mille salariés. Beau résultat pour des responsables censés développer leur compagnie et sauvegarder l'emploi.

Air France a échappé par miracle à un syndrome identique. En dix ans, de 1983 à 1993, quatre présidents se sont succédé au fil des alternances politiques. Le résultat a été celui que l'on pouvait en attendre. Sans l'injection *in extremis* de 22 milliards de francs, la compagnie aurait été obligée de déposer son bilan. Il a fallu après cela toute l'énergie d'un Christian Blanc soutenu par une équipe venue de l'extérieur pour transformer radicalement le mode d'exploitation de la compagnie et la rendre à nouveau profitable.

Les exemples foisonnent dans le monde. L'Afrique est particulièrement touchée, surtout l'Afrique francophone.

Les dirigeants politiques considèrent leur compagnie nationale comme un instrument de pouvoir au même titre qu'une chaîne de télévision ou un grand journal. Et ils s'en servent pour leurs intérêts propres, faisant plaisir à une clientèle électorale qui saura bien où se trouve son devoir en cas d'élection, et en pillant allègrement les recettes des compagnies. Résultat : là aussi, des faillites à répétition, des clients laissés sur le carreau, des fournisseurs impayés. Ainsi, lorsqu'une nouvelle compagnie doit remplacer l'ancienne, les discussions avec les prestataires de services et les fournisseurs d'appareils sont-elles de plus en plus délicates. Les garanties demandées deviennent considérables, car « chat échaudé craint l'eau froide ».

Il y a encore beaucoup d'amateurs

C'est, en général, la conséquence de ce qui précède. Nommés pour des raisons politiques, nombre de dirigeants n'ont aucune compétence pour le poste qu'on leur demande d'occuper, mais ils l'acceptent avec plaisir compte tenu des avantages de la fonction. Ce ne serait pas trop grave s'ils savaient s'entourer d'un état-major compétent. Ce n'est là encore pas le cas car, pour détecter les compétences, il faut avoir soi-même de solides notions du secteur d'activité. Alors les nominations se font au gré des copinages, les postes à distribuer étant eux-mêmes souvent juteux. Lorsque vous êtes nommé par votre compagnie à la tête d'un pays ou d'une région, vous pouvez facilement faire des tarifs très particuliers à une ou deux agences de voyages « amies » qui vous rétrocéderont une partie de leurs profits. Dans cette démarche, l'intérêt de la compagnie est bien entendu inexistant. Et je ne parle pas des cadeaux versés lors des achats d'avions ou de pièces détachées.

Heureusement, les règles de l'OACI et de l'IATA pour faire voler les avions sont très strictes, et certains pays sont pointés du doigt par les autorités mondiales, ce qui entraîne pour les compagnies soumises à leur autorité la mise sur la liste noire européenne. Cela a pour conséquence l'amélioration permanente de la fiabilité du transport aérien. Mais il n'existe pas de manuel de stratégie, voire tout simplement de méthodes de commercialisation et de distribution. Nombre de nouveaux dirigeants croient encore que l'on vend du transport aérien « comme des casseroles ». Si, si, je l'ai entendu dire plusieurs fois. Ce n'est pas vrai. Commercialiser et distribuer des billets d'une compagnie aérienne, cela suppose l'application de règles strictes qui, si elles ne sont pas connues ou si elles sont considérées comme négligeables, entraînent la disparition des compagnies de façon encore plus sûre que la seule pression politique.

Les dégâts ont été suffisants, et pourtant les règles élémentaires sont bien connues et codifiées. Pourquoi les compagnies ne devraient-elles pas appliquer des manuels de vente comme elles appliquent, forcées qu'elles le sont, les manuels d'exploitation et d'entretien ? Nul doute que cette mesure simple empêcherait nombre de dépôts de bilan.

La pensée unique

Pour le moment, laissons de côté l'incompétence. Celle-ci est facile à identifier lorsqu'on la rencontre. Elle ne suffit pas à expliquer le désastre économique auquel nous assistons. Ce ne peut certainement pas être en permanence la faute des autres comme les dirigeants du transport aérien veulent nous le faire croire. Certes, le pétrole est devenu plus cher, mais les grosses pertes sont survenues justement lorsqu'il s'est mis à baisser. Certes, l'environnement doit maintenant être pris en compte, mais c'est probablement un facteur sérieux d'économies et de saine gestion. Certes, les politiques se sont trop mêlés de ce secteur d'activité, mais reconnaissons que les compagnies les plus mal en point sont pour la plupart privatisées. Il doit bien y avoir une autre explication au phénomène.

C'est la pensée unique. Au fond, Pierre Jeanniot[1] a raison. Le seul but des responsables des compagnies aériennes est de conquérir des parts de marché. C'est la seule explication que l'on peut donner aux pratiques douteuses du « code share », à la politique des alliances dont on peut se demander si elles rapportent vraiment de l'argent compte tenu des efforts et de l'argent qu'il faut y investir pour les faire vivre, aux règles tarifaires confuses et, pour tout dire, faites à la tête du client. Oui, la seule explication est là. Comment allons-nous faire pour piquer une part du marché aux petits copains ? Mais il se trouve que tout le monde raisonne de la même manière. Ainsi, les responsables des plus grandes compagnies mondiales n'ont pour seul but que de devenir plus gros et transporter plus de passagers que le voisin, lequel est motivé par la même ambition.

1. Pierre Jeanniot, directeur général émérite de l'IATA. Après avoir été président d'Air Canada, il a dirigé cette institution pendant plus de dix ans.

Les grands transporteurs ont-ils fait grossir le marché? Sans doute et de manière importante. Mais les vrais promoteurs du transport aérien dans les couches nouvelles de population ont été les compagnies « low cost ». Et les transporteurs traditionnels ont été tout étonnés de voir une partie de leur clientèle les délaisser pour ces nouveaux entrants. Ils ont réagi en défendant leur part de marché et en baissant leur recette au niveau des prix de vente des « low cost », sans pour autant baisser leur prix de revient dans les mêmes proportions, car il faudrait, pour cela, faire des sacrifices auxquels ils ne veulent pas consentir.

Comme la qualité du produit n'est pas un facteur déterminant à leurs yeux, la seule variable d'ajustement est le prix du billet. Il faut le baisser pour maintenir ses parts de marché et pour conquérir de nouvelles parts de marché, en s'exposant à ce que le transporteur attaqué en fasse autant et ainsi entrer dans la spirale infernale. On ne voit vraiment pas comment sortir de ce jeu stérile, sauf à ce que le transporteur attaqué par des prix manifestement au-dessous du seuil d'équilibre puisse se défendre devant les tribunaux. Son seul moyen de défense est d'invoquer la « vente à perte » dont la pratique est interdite. Encore faut-il prouver que tel tarif (on a vu KLM vendre 1 florin des billets Amsterdam-New York ou Ryanair offrir gratuitement des centaines de milliers de billets) correspond à de la vente à perte. Il faudrait pour cela présenter aux tribunaux une référence indiscutable qui permettrait à ces derniers de trancher. Cette référence n'existe pas pour le moment, mais elle pourrait être rapidement créée par l'IATA qui dispose d'instruments d'analyse économique performants. Une telle référence aurait le mérite de la compétence et de l'impartialité. Renseignements pris auprès des responsables de l'IATA, elle ne verra pas le jour. En effet, les grandes compagnies sont les premières à s'opposer à sa création, car tout le monde est bien conscient d'utiliser les méthodes mêmes qui sont reprochées aux concurrents.

Dans ces conditions, on ne voit pas comment le système pourrait se réformer puisque même ceux qui devraient être les plus intéressés sont les premiers à refuser le remède.

L'organisation de l'irresponsabilité

Il y a quelques années, je discutais avec le directeur d'Alitalia pour la France afin de lui proposer la prise des appels à sa réservation qu'il ne pouvait pas traiter soit parce que toutes ses lignes étaient occupées, soit parce que les bureaux étaient fermés. Après plusieurs mois de discussion, nous tombons d'accord sur les conditions contractuelles. Je lui demande alors :

— Qui signera le contrat pour Alitalia ?

— Moi, me répond-il.

— Alors, lui dis-je, voyons-nous tout de suite, car de notre côté c'est moi qui signe.

— Impossible, ce n'est pas encore prêt, me répond-il.

Nous étions au mois de mai. En juillet, il me rappelle :

— C'est fait, me dit-il, je peux signer.

— Quand puis-je vous voir pour cela ? demandé-je.

— Tout de suite si vous voulez.

Je me rends donc toutes affaires cessantes dans le bureau d'Alitalia à Paris et mon interlocuteur me montre, tout fier, le télex qu'il a reçu de son supérieur hiérarchique à Rome, l'autorisant à signer le contrat.

Voilà comment on organise l'irresponsabilité, car si le contrat se révèle une bonne affaire pour Alitalia, le signataire peut dire :

— C'est moi qui ai signé ce contrat.

Et son supérieur peut dire aussi :

— C'est moi qui ai donné l'ordre de signer.

Si au contraire l'affaire tourne mal, le supérieur peut dire :

— Je n'ai jamais signé ce contrat.

Et le signataire de son côté peut affirmer :

— J'ai été forcé de signer ce contrat.

Ainsi, plus personne n'est responsable. Et c'est bien une maladie du transport aérien. Il n'y a plus de décisionnaire ; les décisions se prennent dans un consensus mou, à la suite de nombreuses réunions qui n'ont pour but que de diluer les responsabilités. Non seulement ce processus ne permet pas de réagir rapidement lorsque cela est nécessaire, mais il coûte un argent fou. Combien de réunions ne servent à rien ? Combien de participants aux réunions ne sont-ils là que pour faire de la figuration ou représenter tel ou tel service qui pourrait s'opposer à telle mesure s'il n'était pas convié à la réunion ?

Et que dire du foisonnement des e-mails et des listes interminables de copies. Cela est fort pratique pour se dédouaner en cas de conflit.

— Pourquoi n'êtes-vous pas d'accord, je vous ai mis en copie et vous n'avez pas réagi ?

Combien de copies d'e-mails inutiles reçoivent les grands responsables ? À tel point que certains d'entre eux ont donné l'instruction de n'ouvrir aucune copie, quitte à passer au travers d'une information nécessaire.

Tout n'est cependant pas à jeter

S'il n'y avait que des incompétents, le transport aérien ne se serait certainement pas développé comme il l'a fait. Tous ces aéroports, tous ces avions si sophistiqués, tous les systèmes de contrôle aérien, d'entretien de formation, ce n'est tout de même pas rien. Ces milliards de passagers transportés en quasi totale sécurité, cette formidable valeur ajoutée à l'économie, tout cela doit être considéré et ne peut pas être le fait d'imbéciles.

Il y a dans le transport aérien et en particulier dans les grandes compagnies traditionnelles une très grande connaissance des différents métiers qui composent ce secteur d'activité. Les systèmes de gestion, de contrôle des charges et des recettes, les relations commerciales avec les autres transporteurs et les distributeurs, l'idée même que le transport aérien est mondial et que les mêmes procédures générales s'appliquent de la même manière sur l'ensemble de la planète, tout cela est le fait d'une connaissance profonde de cette activité. Il est de la plus grande importance de garder ce savoir-faire et même cette culture, et seules les grandes compagnies peuvent le faire, en particulier avec leur association : l'IATA.

Le transport aérien est fondé sur deux grandes valeurs : la sécurité et le mondialisme. C'est ce qui lui a permis de résister et de traverser de grandes crises telles que le doublement des prix du pétrole en un an, les multiples attentats terroristes, les effets de la grippe aviaire qui a vidé les avions en Asie en un mois, sans compter les innombrables ingérences des hommes politiques qui se sont servis du transport aérien bien plus qu'ils ne l'ont servi. Ces deux piliers doivent impérativement être conservés. Or le phénomène

« low cost » va à l'encontre de la mondialisation puisque les compagnies qui suivent cette stratégie ne veulent pas être reliées aux autres, et le phénomène de distribution choisi les conduit à ne se commercialiser qu'à proximité de leur production. Prenons garde aux dérives dans ce domaine. Il ne faudrait pas que les compagnies traditionnelles soient amenées à oublier ce qui a fait la force de ce métier. Il est un peu inquiétant de constater que le passage à la billetterie électronique a conduit les compagnies à éliminer les deux tiers des accords « interlines » qu'elles avaient signés jusqu'alors, car le développement des petits flux n'est pas rentable, paraît-il. C'est ainsi que nombre de transporteurs petits et moyens se voient couper leur relation avec les grandes compagnies qui ne souhaitent pas utiliser leurs ressources informatiques limitées, disent-ils, pour reconstruire ces liens.

En revanche, le public n'a aucune raison de s'inquiéter quant aux aspects liés à la sécurité. Au contraire, la demande des clients en la matière rejoint parfaitement les préoccupations des compagnies, fussent-elles « low cost » ou charters. Tout le monde a intérêt à éliminer les mauvais transporteurs, car un accident d'avion a un retentissement considérable, même sur les compagnies dont les procédures de sécurité sont irréprochables. L'IATA a même encore relevé ses exigences en créant en 2003 le programme appelé IOSA (Iata Operational Safety Audit). Celui-ci harmonise sur le plan mondial et améliore encore l'ensemble des méthodes qui, dans une compagnie aérienne, concourent à la sécurité du transport. Il est d'ailleurs heureux que, même dans une période de crise économique grave, les aspects sécuritaires et les investissements correspondants ne soient pas dévalués, et que, au contraire, ils soient encore renforcés.

17

Quel est le bon produit ?

> « Si Dieu descendait sur la Terre, tous les peuples se mettraient à genoux excepté les Français qui diraient : “Ah ! Vous êtes là ! C’est pas trop tôt ! On va pouvoir discuter un peu.” »
>
> Lord Balfour

La crise, disons permanente, du transport aérien ne serait-elle pas tout simplement due à l’inadaptation du produit au marché ? Comment expliquer autrement que ce secteur d’activité perde régulièrement de l’argent, 10 milliards de dollars en 2009 par exemple, tout en faisant de sérieuses économies ? Les sommes en jeu sont tellement élevées qu’elles en deviennent incompréhensibles. 10 milliards de dollars par an, cela fait 27,4 millions de dollars par jour, ou encore 1,14 million de dollars par heure, 19 000 $ à la minute et pour finir 320 $ par seconde. Voilà qui force le respect.

L’adaptation au tarif

Le client se pose toujours les deux mêmes questions : est-ce que j’en ai pour mon argent ? Et : est-ce que j’aurais pu payer moins cher ? Ces interrogations sont d'ailleurs parfaitement fondées. Les compagnies régulières, à l'exception encore une fois notable de certains transporteurs d'Asie du Sud-Est et du Golfe, ont avec grande constance détruit le rapport entre la qualité de leur produit et son prix.

Comment le client peut-il par exemple expliquer qu'un Paris-Rome puisse coûter 1 603 € en classe affaires contre 471 € en classe économique sur Air France et 56 € sur easyJet[1] ? Comment justifier qu'un Paris-New York en classe affaires coûte 5 733 € et que le même parcours en classe économique aille de 541 € à 2 538 € (*cf.* annexe 2) ? Qu'est-ce qui peut justifier une telle différence tarifaire ?

En quoi le produit affaires par rapport au produit économique entre Paris et Rome explique-t-il une différence de 1 128 € avec la même compagnie ? Certes, le client est pratiquement assuré de ne pas avoir de voisin. Disons qu'il bénéficie d'un siège et demi puisque un seul siège est neutralisé sur une rangée de trois en classe affaires. Appliquons donc ce ratio puisque les sièges sont identiques en classes affaires et économique : nous trouvons un équivalent prix en classe économique de 707 €, soit encore une différence de 896 €. Qu'y a-t-il pour cette différence ? Un comptoir spécialisé dans les aéroports, mais cela n'a plus de véritable intérêt puisque les passagers éditent leur carte d'embarquement chez eux, ou à partir des bornes libre-service. Le plateau-repas ? Mais celui-ci est d'une telle indigence qu'il est probablement identique dans toutes les classes, ou alors on ne voit pas ce que l'on peut donner en

1. Source : Internet Air France et easyJet pris le 27 décembre 2009 pour un aller-retour le 26 janvier 2010.

classe économique, et même si c'est un sandwich, il est probablement meilleur que ce qui est servi à l'avant de l'avion. Reste le verre de champagne, qui, lui, reste le seul élément différenciant et l'accès au salon « affaires » pendant un temps tout de même très court et un service minimal, tout au moins à Paris tant le petit salon situé au terminal 2F est exigu. Ah si, j'oubliais, le nombre de « miles » attribué qui est très différent. Autrement dit, au lieu de faire bénéficier le passager d'un avantage concret, on lui en remet un virtuel qui ne sera comptabilisé qu'à 40 % par la compagnie.

La différence avec le transporteur « low cost » de référence est encore plus marquée, mais notons tout de même que ce dernier n'atterrit pas dans le même aéroport et que Ciampino ne propose pas – tant s'en faut – les facilités de Fiumicino. De plus, le nombre de vols est beaucoup plus limité, d'autant plus qu'avec les accords de « code share » entre Air France et Alitalia les vols des compagnies traditionnelles sont doublés.

Et que dire du constat entre Paris et New York ? La différence est alors de 5 192 € ! Pour expliquer un tel écart, il faut que le produit affaires soit diablement différent du produit économique. Les sièges sont différents contrairement aux sièges sur court-courrier, mais les salons sont identiques et les prestations à bord ne peuvent en aucun cas justifier la différence tarifaire. Notons d'ailleurs que, dans la même classe de service économique, sur le même appareil, les tarifs vont de 541 € à 2 538 €, soit un écart de 1 997 € pour avoir exactement le même siège et les mêmes prestations au sol et en vol. La différence n'est justifiée que par la flexibilité tarifaire et, bien entendu, le nombre de « miles » attribué.

Comment alors s'étonner que les clients rechignent à utiliser les tarifs élevés, les seuls à pouvoir payer les coûts de la compagnie ? L'arrivée de la crise a eu pour effet, dans les entreprises, de faire des économies sur les voyages, en particulier sur les court et moyen-courriers. Les entreprises paient le billet et les salariés reçoivent les « miles ». Cette situation n'est pas tenable et, faute d'attribuer les « miles » directement au payeur du billet, ce qui annihilerait toute cette stratégie commerciale, il est probable que les entreprises pousseront, fût-ce avec des primes sur les économies budgétaires, leurs salariés à économiser sur le prix de leurs billets d'avion, ce qu'ils peuvent faire sans grand problème.

Le produit de luxe

Dans la restauration ou l'hôtellerie, il y a plusieurs gammes de produits, qui vont du plus simple, voire du plus dépouillé, au luxe. Dans la restauration, il y a des restaurants étoilés et des fast-foods. Les uns et les autres n'ont qu'une finalité : nourrir leurs clients. Comment alors les grandes tables arrivent-elles à justifier des additions vingt fois plus élevées que dans un restaurant « bas de gamme » dans un univers tout aussi concurrentiel que celui du transport aérien ? Tout simplement en différenciant le produit. Les prestations hôtelières sont également soumises aux pressions de la concurrence et permettent néanmoins de faire coexister des palaces et des hôtels d'entrée de gamme. Les uns et les autres ne font que permettre à leurs clients de passer une nuit reposante. Reste que, là encore, le luxe arrive à vivre tout comme l'hôtel de base.

Le transport aérien est confronté à la même problématique, même si tout se passe à l'intérieur de la même cabine. Il doit faire cohabiter un produit de luxe, le seul à justifier le prix de la première classe, et un produit d'entrée de gamme pour remplir l'arrière de l'appareil. La clientèle prête à payer cher un produit dont elle apprécie la qualité existe. Elle est même en développement constant si l'on en juge par le nombre croissant de millionnaires, voire de milliardaires, en dollars. Or cette clientèle ne trouve plus le produit correspondant à ses attentes et, par défaut, elle se rabat sur le produit du niveau inférieur.

Les compagnies aériennes ont, pendant des années, fabriqué un produit de luxe ; c'était même leur raison d'être. Le produit était d'ailleurs d'autant meilleur que la qualité technique des appareils était encore médiocre. Il fallait faire passer en douceur des temps de vol longs dans des avions finalement peu sophistiqués. Les appareils se sont grandement améliorés en confort, bruit, vitesse, qualité de vol et en taille, et paradoxalement plus les appareils devenaient confortables, plus le service et le produit dans son ensemble se sont dégradés. Le client a en fait l'impression que la ou les personnes qui définissent le produit qu'il devra consommer n'ont aucune idée de ce qu'est le luxe et la qualité du service. Se contentant du médiocre, ils l'imposent à leurs passagers, tout en ayant bonne conscience, car ces responsables se comparent non pas à meilleur qu'eux mais à plus mauvais… et il y a toujours plus mauvais que soi.

Il est regrettable que la qualité des sièges de la première classe se soit considérablement améliorée au moment même où le service est en constante dégradation. Plus de bons vins, plus de produits de qualité, de moins en moins de services « au chariot », on vous met un plateau d'une grande médiocrité et... débrouillez-vous. Sans compter que l'attention des équipages est à taux variable : si certains font indéniablement très bien leur travail, d'autres en revanche vous donnent la très sérieuse impression qu'on les embête, pour ne pas dire plus.

Le produit « affaires »

Pour les compagnies traditionnelles, c'est le produit phare, celui sur lequel elles font leur profit et qui leur permet de créer des prix très bas en classe économique pour conquérir les fameuses parts de marché. On pourrait penser qu'il est l'objet de toutes les attentions et améliorations. Il n'en est rien. Ce produit s'est dégradé avec une extrême régularité depuis sa création, à tel point que sur certaines compagnies il est presque identique (aux « miles » près) au produit économique.

Or qu'est-ce qui pourrait justifier une différence tarifaire de l'ordre de 1 000 € pour un trajet aller-retour en Europe ? Ce produit existe et l'on se demande pourquoi les compagnies ne l'ont pas mis en place : c'est le produit « porte à porte » et non pas « aéroport à aéroport ». Voyons un peu comment cela pourrait se passer.

La veille du départ, le client reçoit un appel téléphonique de sa compagnie :

— Monsieur Martin, vous allez bien demain à Rome sur notre vol ?

— Oui, bien sûr.

— D'habitude, vous prenez le siège 2A, souhaitez-vous le garder ou en changer ?

— Non, je le garde, merci.

— Bien entendu le taxi sera en bas de votre domicile à 5h30, et il est à notre charge.

Le jour du voyage, M. Martin prend son taxi devant chez lui. À l'intérieur, il y a la presse du jour.

Le chauffeur :

— Bonjour, monsieur Martin. Vous allez à Rome aujourd'hui. Votre vol part de Roissy terminal 2F. Vous n'avez pas de bagages à ce que je vois. Je vous poserai donc directement au salon « affaires ».

— Merci, j'apprécie l'attention.

Arrivé à l'aéroport, le taxi dépose le client directement devant l'entrée du salon « affaires ».

L'hôtesse :

— Bonjour, monsieur, puis-je voir votre billet ? Merci, monsieur Martin. Les formalités de sûreté se feront pendant que vous serez dans le salon. Pensez à vous présenter à l'un des postes d'inspection filtrage.

M. Martin passe au filtre de sûreté. On lui met un tampon date et heure sur son reçu de carte d'embarquement. Il a alors directement accès à la salle d'embarquement en présentant sa carte tamponnée aux filtres s'il n'existe pas de cheminement direct.

En salle d'embarquement, il y a une file dédiée aux passagers classe affaires.

Arrivée à bord de l'avion.

Le steward :

— Bonjour, monsieur Martin. Bienvenue à bord.

À bord, le plateau-repas a été sensiblement amélioré ; cela ne coûte pas cher et les sociétés de catering ont toujours de bonnes propositions à faire.

À l'arrivée à Rome, en porte de sortie, un agent attend M. Martin avec un panneau.

L'agent :

— Bonjour, monsieur Martin, je crois que vous n'avez pas de bagages, je vous accompagne à votre taxi, qui est bien entendu pris en charge par notre compagnie. Voici le numéro que vous pourrez appeler pour qu'un chauffeur revienne vous prendre à l'adresse que vous lui indiquerez et à l'heure qui vous conviendra. Bonne journée à Rome.

En milieu de journée de travail, M. Martin appelle le numéro de téléphone pour son trajet retour. On lui répond en français.

L'opérateur :

— Pas de problème, monsieur Martin, le taxi passera vous prendre à 17 heures. Voici son numéro de référence.

À 17 heures, le taxi est en place. M. Martin arrive avec un petit peu de retard. M. Martin :

— Mon vol part à 19 heures de Fiumicino.

— Pas de problème. Je vous déposerai au salon « affaires ».

Les opérations retour se déroulent de la même façon qu'à l'aller et le taxi qui attend M. Martin à son arrivée à 21 heures à Roissy le dépose chez lui.

Bien entendu, tout cela a un coût, il doit être de l'ordre de 200 €, mais c'est le prix à payer pour garder une clientèle qui accepte de payer 1 000 € de plus pour avoir un certain confort que les compagnies ne peuvent plus donner à bord.

On m'objectera que tout cela ne s'est jamais fait et que par conséquent c'est impossible. Or est-ce si difficile de passer des accords avec les compagnies de taxis dans chaque grande ville européenne ? Est-ce si difficile d'appeler les clients et de coordonner leur prise en charge par le chauffeur de taxi alors que les compagnies ont tous les détails dans le dossier réservation, y compris le numéro de téléphone du passager ? Est-ce si compliqué de créer des salons « affaires » avant les postes de sûreté et d'avoir ces derniers à l'intérieur du salon ? Pourquoi dès lors les clients « affaires » seraient-ils encore contraints de faire la queue au PIF (poste d'inspection filtrage) ? N'y a-t-il pas des coupe-files largement utilisés par certains privilégiés ? En quoi le fait de donner un plateau repas convenable qui doit coûter entre 6 € et 8 € ruinera-t-il la compagnie ?

En échange, quel confort pour le client de ne pas avoir à prendre sa voiture, à la garer dans un des immenses parkings des aéroports en tournant pour trouver une place, quel avantage de ne pas avoir à faire la queue à ces postes de sûreté pour subir les remarques plus ou moins agréables d'agents, eux-mêmes excédés par les comportements de passagers passablement irrités, quel privilège d'être attendu à l'arrivée et de trouver là encore un chauffeur pour amener le client à son rendez-vous, enfin quel plaisir de faire le même parcours au retour après une journée de travail parfois épuisante.

Oui, sans aucun doute il existe une vraie clientèle pour cela. Encore faut-il que les compagnies créent le produit « porte à porte ». C'est leur seule chance de garder une clientèle prête à payer le prix qui permette à ces compagnies de survivre. Les « miles » seuls ne suffiront pas. Il faut maintenant du concret. Garder la clientèle « affaires », et lui faire payer entre trois et quatre fois le prix d'un siège en classe économique est vital pour les transporteurs traditionnels. Depuis toujours, leur politique commerciale n'a visé qu'à conserver ce qu'elles savent être une sorte d'arnaque : vendre cher ce qui ne le vaut pas. Mais les temps ont changé et les clients ne se contenteront plus de virtuel.

Pour le long-courrier, le produit porte à porte serait sans doute également très apprécié. Il est d'ailleurs pratiqué par les compagnies du Golfe qui en tirent un avantage concurrentiel certain. Mais, surtout, les prestations à bord doivent impérativement être améliorées. Les standards ont évolué et, par exemple, la norme est d'avoir un siège inclinable à 180° et non pas à 147° comme on le voit encore trop souvent. Quant aux plateaux-repas, il serait urgent qu'ils retrouvent une qualité qu'ils ont totalement perdue au fil du temps.

Certaines compagnies ont innové, en particulier celles qui proposent des avions entièrement équipés en classe affaires, comme Open Skies. Cette compagnie propose au choix des sièges ou des sièges-lits, certes un peu plus chers, pour une prestation de catering identique. Au client de choisir, et je trouve l'idée très intéressante. Ces transporteurs ont en outre une tarification beaucoup plus intéressante que les compagnies traditionnelles et il n'est pas certain qu'ils n'arrivent pas à imposer ce modèle tout comme les « low cost » ont imposé le leur.

Le produit d'entrée de gamme

Dans ce domaine, les compagnies traditionnelles ont perdu leur combat contre les transporteurs « low cost ». Ceux-ci ont réussi à imposer leur système tarifaire fondé sur la flexibilité et les revenus annexes. Sauf à revenir des années en arrière avec une tarification fixe, je ne vois pas comment les grandes compagnies pourraient s'abstenir de copier ce modèle tout au moins pour les court et moyen-courriers. C'est d'ailleurs largement ce qu'elles font sans l'avouer. Le service en classe économique est ni plus ni moins celui des « low cost », c'est-à-dire rien. Les tarifs n'en demeurent pas moins encore beaucoup plus élevés sur les compagnies traditionnelles, en particulier pour la clientèle qui fait l'aller-retour dans la journée. Dans le fond, pourquoi pas, les fréquences de vols sont beaucoup plus importantes que l'offre des « low cost » et cela se paie.

Les transporteurs « low cost » ne se sont pas encore mis sur le long-courrier, mais nul doute que cela viendra, même si le modèle est a priori moins performant sur de longues distances que sur les courtes. Dès lors, on peut se demander pourquoi les compagnies ne sont pas revenues à une tarification plus compréhensible de tous et pour tout dire plus simple. Certes, le « yield management » est efficace sur de longues distances, mais il pourrait être fait à partir d'un nombre de tarifs sensiblement inférieur. Pourquoi traîner quinze classes de réservation alors que trois ou quatre suffiraient largement ? À quoi riment toutes ces réglementations incompréhensibles sauf par des spécialistes ?

Ajoutons qu'une part importante du produit « économique » se fait dans les aéroports et que les transporteurs sont très dépendants de la qualité du produit aéroportuaire, surtout dans le cas des « hubs ». En ce sens, les transporteurs européens ne sont pas gâtés, à quelques rares exceptions près. Je ne suis pas certain d'ailleurs que la coordination entre les aéroports et les principales compagnies basées se passe très bien, or se parler ne coûte rien et peut se révéler très profitable.

18

Retrouver les fondamentaux

> « Quelle prétention de prétendre que l'informatique est récente : Adam et Ève avaient déjà un Apple. »
>
> Anonyme

Le transport aérien ne va pas bien, tout le monde le sait et tous les professionnels en ont grandement conscience. On ne peut pas perdre impunément des dizaines de milliards de dollars par an sans que cela entraîne de fâcheuses conséquences non seulement pour les transporteurs, mais également et surtout pour les clients. Il faut tout de même se rappeler le traumatisme causé par la faillite des compagnies telles que Braniff, Pan Am, Swissair et, plus près de nous, AOM et Air Liberté. Contrairement à ce que pensent beaucoup de salariés, voire de responsables, les compagnies sont mortelles. Elles ne peuvent pas être protégées en permanence par les États ; ce n'est d'ailleurs plus autorisé dans nombre de pays par les règles anticoncurrentielles. Le modèle actuel a prouvé qu'il pouvait développer ce secteur d'activité et le rendre plus fiable, il a également montré qu'il conduisait nombre de transporteurs à la faillite. Comment sortir de cette impasse ?

« *Value for money* »

À mon sens, la première valeur que le transport aérien doit retrouver est le respect de ses passagers, je devrais dire de ses clients. Pour cela, il faut traiter ceux qui font vivre le système au moins aussi bien que l'on souhaiterait être traité soi-même. En avoir pour son argent, voilà qui est élémentaire et voilà qui n'est actuellement pas respecté du tout par les compagnies aériennes. D'un côté, pour attirer de nouvelles couches de clientèles ou conquérir des parts de marché sur leurs petits confrères, les compagnies vendent à perte, même si elles camouflent ces pratiques avec la maximisation des recettes sur un avion, et en contrepartie elles rackettent de façon un peu éhontée les clients qui ont vraiment besoin de ce service, c'est-à-dire les hommes d'affaires.

À ce petit jeu, plus personne ne paie le juste prix. Et les clients se sont progressivement habitués à ne plus accorder de valeur à la prestation qu'ils achètent, car cela leur a été mis dans la tête depuis de nombreuses années par les transporteurs eux-mêmes.

Alors, bien sûr, les responsables sont bien conscients que cela ne va pas et qu'il faut apprendre à leurs clients que tout service a un prix et que moins de 200 € pour traverser l'Atlantique dans les deux sens, soit quinze heures de vol, cela ne paie pas les frais, mais qui va commencer à retrouver la vertu? La crainte d'être seul à pratiquer une tarification simplement raisonnable est trop forte et personne ne veut commencer.

Pourtant, il existe une parade aux tarifs « prédateurs »: c'est la législation interdisant la vente à perte qui existe dans tous les pays. Mais encore faut-il aller devant les tribunaux avec des preuves que le concurrent vend à perte. Cela sera possible si l'IATA se décide à créer la banque de données des prix de revient. Fort de cette référence, un transporteur pourrait alors faire condamner par les tribunaux un concurrent qui mettrait sur le marché des prix qui ne couvrent pas les coûts de production. Cela moraliserait probablement assez rapidement la profession et redonnerait au moins une valeur minimale aux prestations du transport aérien. Or, comme nous l'avons déjà dit, les grands transporteurs eux-mêmes sont les plus opposés à la création de cette référence, alors qu'ils en seraient les plus grands bénéficiaires. Eh bien, que les quinze plus grandes compagnies demandent cette prestation à l'IATA, et cette institution ne se fera pas prier pour la créer.

Le client n'est pas un « pax »

Voilà un vocabulaire dont les personnels des compagnies aériennes feraient bien de se défaire. Un « pax » est dans le jargon de la profession une unité statistique, c'est le diminutif de passager. C'est tout de même mieux qu'« usager », me direz-vous, mais cela ne prend pas en compte la personnalité de celui qui, après tout, fait vivre le système.

Je m'étonnais de la différence de vocabulaire entre l'hôtellerie et le transport aérien pour désigner les mêmes personnes : un passager dans le transport aérien devient un client lorsqu'il arrive à l'hôtel. J'avais donc demandé à un responsable d'hôtels de luxe italien de venir expliquer aux représentants des compagnies aériennes réunies lors d'un Cannes Airlines Forum pourquoi il y avait cette différence.

— C'est très simple, nous a-t-il dit. Dans le transport aérien, vous ne cherchez qu'à pousser la personne que vous avez devant vous à l'étape suivante de son voyage, du comptoir d'enregistrement à la salle d'embarquement, puis de là à l'avion et enfin vers son tapis à bagages et… au revoir. C'est bien un passager, il ne fait que passer devant les différents intervenants dans la chaîne de transport. Puis cette même personne arrive dans nos hôtels. Elle s'enregistre et elle monte dans sa chambre, et si quelque chose ne va pas, elle revient immédiatement à la réception pour faire ses remarques. Pas d'échappatoire possible, il faut bien traiter convenablement cette personne et la considérer pour ce qu'elle est : un client.

Le transport aérien ferait bien de s'inspirer de cette attitude. Cela est vrai non seulement pour les compagnies aériennes, mais également pour les concepteurs et les gestionnaires des aéroports. Chaque responsable d'un grand aéroport devrait se demander s'il enverrait sa mère ou ses enfants prendre l'avion dans sa plate-forme sans lui procurer une assistance. Je serais surpris que beaucoup d'entre eux acceptent ce défi.

Un passager est une personne qui peut être jeune ou âgée, en bonne ou en mauvaise santé, en bonne forme ou en dépression, décontractée ou stressée, seule ou accompagnée, elle peut être affamée, fatiguée, elle peut avoir le temps ou être très pressée, elle peut savoir où elle va ou être totalement perdue, elle traîne des bagages plus ou moins facilement, elle peut appréhender son voyage, bref, elle a beaucoup de raisons de ne pas se sentir à l'aise dans le milieu qu'on lui fait traverser et qui est rarement accueillant. Et lorsque ce client a un problème, il trouve rarement un interlocuteur capable non seulement de lui répondre, mais de le résoudre.

Voir dans chaque passager la personne qu'il est en réalité, voilà encore l'un des fondamentaux que le transport aérien doit retrouver.

Retrouver une économie fondée sur le transport et non sur les produits annexes

La tentation est grande : puisque les compagnies aériennes n'arrivent pas à faire payer un prix convenable aux clients, elles vont compenser le manque à gagner par des produits annexes parmi lesquels les surtaxes carburant, les frais pour paiement par carte de crédit, les excédents de bagages et tous les autres petits profits qui peuvent devenir une composante importante du chiffre d'affaires des compagnies, comme c'est le cas pour Ryanair. Seulement cette politique a un vrai revers : elle camoufle le vrai prix du transport aux clients. Étonnez-vous après cela que ces derniers rechignent à payer le juste prix !

Le carburant, en particulier, fait intégralement partie du prix de revient. Dès lors, comment arriver à justifier une surtaxe carburant ? Pourquoi dans ce cas ne pas avoir de surtaxe pour le copilote ou pour le siège sur lequel vous êtes assis ? C'est d'ailleurs ce qui arrive pour certaines compagnies qui font payer l'attribution du siège, ce qui est au moins aussi justifié que de faire payer le droit d'embarquer en priorité. Bref, on s'éloigne du vrai prix du billet. Or, pour que le transport aérien retrouve une santé économique, il faudra bien que les clients paient un tarif qui couvre au moins l'intégralité du prix de revient. Et pour cela, il est absolument nécessaire que les compagnies affichent le vrai tarif et non pas, pour des raisons cosmétiques, des petits bouts de celui-ci.

Alors, on m'objectera certainement que le siège vide ne coûte rien puisqu'il ne rapporte aucune recette et que, dès lors, mieux vaut avoir un revenu dégradé plutôt que pas de revenu du tout. Mais, à ce petit jeu, les sièges vides de première classe et de classe affaires ne valent rien non plus. Pourquoi ne pas les vendre au prix de la classe économique ? On voit bien l'absurdité de la politique du produit et de la recette marginaux. C'est ce qui a été fait depuis des années et le seul résultat a été de faire passer pour normal le tarif marginal. Plus personne alors ne veut payer le prix normal puisque le tarif marginal existe et qu'il est d'ailleurs largement promu par les compagnies.

On a vu avec les dérives du système bancaire où pouvaient mener les pratiques de vente des produits dérivés. Pourquoi cela serait-il différent dans le transport aérien ? Que les produits dérivés : ventes à bord, éventuellement services d'accueil au départ et à l'arrivée, apportent une recette marginale bienvenue, c'est parfait, mais alors que les recettes induites ne masquent pas la réalité économique.

Trouver des interlocuteurs valables

J'entends par interlocuteur valable quelqu'un qui est capable de prendre une décision à quelque niveau que ce soit. Or, le transport aérien a parfaitement organisé l'absence d'interlocuteur. « Vous avez un problème, écrivez-nous. » Voilà bien la meilleure façon de noyer le poisson. Il m'est souvent arrivé de faire des remarques sur la qualité du service ou du produit à bord. En règle générale, le personnel de cabine auquel vous vous adressez est tout à fait d'accord avec vous et la réponse finale est invariablement :

— Écrivez au service réclamations.

— Mais vous savez très bien que cela ne sert à rien.

— Oui, monsieur, mais c'est tout ce que nous pouvons faire.

Eh bien, j'ai écrit de nombreuses fois, j'ai rempli beaucoup de formulaires que l'on vous donne d'ailleurs volontiers. Je n'ai jamais reçu de réponse, sauf en cas de demande de remboursement de billet pour cause d'annulation du vol !

Ce qui est vrai à petite échelle est également vrai à de plus importants niveaux. Qui décide du niveau tarifaire applicable ? Qui décide de la qualité du produit ? Qui décide de la composition des plateaux repas ? Et finalement qui décide de la politique commerciale et exploitation de la compagnie ? Les responsables sont pourtant bien là et, en cas d'accident, les tribunaux les désignent facilement. Mais les responsables sont-ils ceux qui prennent des décisions ? Le fameux consensus fait finalement des ravages, car personne ne veut porter le chapeau en cas de difficultés. Ainsi, les effectifs aux sièges des compagnies deviennent pléthoriques. Chaque réunion voit la présence de beaucoup trop de participants, chaque service voulant être représenté, au cas où. Et puis il y a beaucoup trop de réunions pour un oui ou pour un non. C'est la « réunionite aiguë », contre laquelle il n'y a, hélas, pas de vaccin. En fait, il y a trop de monde dans les sièges sociaux des compagnies aériennes, mais également des grands aéroports. Cela coûte cher et c'est peu efficace. À quoi servent les cabinets qui gravitent autour des présidents si ce n'est à ralentir des prises de décision ? Paradoxalement, les économies sont beaucoup plus recherchées auprès des intervenants extérieurs qu'à l'intérieur même des compagnies. C'est beaucoup moins douloureux, jusqu'au jour où cela tourne au drame et où la compagnie doit être liquidée, comme c'est arrivé chez Alitalia. Mais qui aura le courage de s'attaquer à ces hyperstructures ? Même les syndicats sont finalement d'accord avec le système. N'attendons pas la réforme de ce côté.

En guise de conclusion

> « Ne me parlez pas des difficultés, elles s'en chargeront bien elles-mêmes. »
>
> Winston Churchill
> (parlant de la construction
> des ports Mulberries)

Il est facile de dénoncer des dérives que finalement tout le monde peut voir, mais il est plus difficile de trouver des solutions et je n'ai pas la prétention de sauver le transport aérien, ni de donner des leçons à la terre entière.

Je retiens cependant que toute la dérive économique tient au fait que le transport aérien n'est pas ou ne peut pas être vendu à son juste prix. Or, il faut bien remédier à cet état de fait. On n'empêchera pas les compagnies de vouloir se manger les unes les autres. Il est illusoire d'attendre une autoréglementation qui conduirait tout transporteur à ne jamais vendre au-dessous de son prix de revient. Les lois sur la concurrence sont en outre suffisamment dissuasives pour éviter des ententes tarifaires lourdement condamnées par les tribunaux.

Est-ce à dire, alors, qu'il n'y a pas de solution ? Non, il y a une réglementation dans la quasi-totalité des pays interdisant la pratique de la vente à perte. Belle affaire, me direz-vous, les tribunaux demandent des preuves avant de condamner et qui peut prouver que telle ou telle compagnie a vendu au-dessous de son prix de revient, ce qui est la vraie vente à perte ?

On me pardonnera de revenir encore une fois sur ce sujet, mais je vois une solution à cela c'est la création d'une référence neutre et indiscutable utilisable devant les tribunaux. Il est normal que l'association qui gère le transport aérien et qui réunit 250 compagnies représentant plus de 90 % du trafic mondial soit chargée de créer cette référence. L'IATA possède une solide division économique et nul doute qu'elle soit parfaitement capable de déterminer les prix de revient par ligne, par classe de service en tenant compte des différences inhérentes à chaque type de compagnie. Certaines ont naturellement des prix de revient plus bas que les autres, ne serait-ce que parce que les coûts de main-d'œuvre sont très différents d'un continent à l'autre.

Ainsi, l'IATA pourrait déterminer le prix de revient en première classe, classe affaires ou économique d'un siège entre Paris et New York, par exemple, en sachant que ce prix n'est sans doute pas le même chez Air France et chez Air India. Quelle révolution si cette banque de données était créée et acceptée par les membres de cette association ! Elle s'imposerait certainement comme une référence incontournable.

Les conséquences seraient sans doute très positives pour éviter les tarifs prédateurs destinés à conquérir des parts de marché sur les concurrents, mais dont la conséquence est d'imposer de fausses références tarifaires aux passagers. Une compagnie s'estimant indûment attaquée de cette manière pourrait alors porter plainte auprès des tribunaux et, grâce à la référence de l'IATA, faire condamner l'attaquant et surtout faire disparaître ces tarifs destructeurs de valeur.

Nul doute que cela pourrait rapidement assainir les pratiques tarifaires désastreuses pour le transport aérien. La différence se ferait alors sur la qualité du produit et tout le monde, y compris les clients, serait gagnant.

Le transport aérien a encore de beaux jours devant lui. Sa croissance un peu ralentie en 2009 va forcément repartir car les besoins de transport sont réels pour soutenir l'économie, et le déplacement en avion est synonyme de liberté. Finalement, très peu de personnes physiques utilisent le transport aérien dans le monde. D'immenses pays sont à équiper et sont d'ailleurs en train de le faire. L'Asie, mais également l'Afrique et l'Amérique latine constituent de formidables réservoirs de marché. Les nouveaux appareils long-courriers sont déjà beaucoup plus performants que ceux de la génération précédente. Le renouvellement des flottes court et moyen-courriers devra encore attendre que les constructeurs développent les nouveaux avions qui seront équipés de moteurs moins gourmands en carburant, donc moins polluants. Les responsables du transport aérien ont parfaitement compris que l'écologie était non seulement incontournable vis-à-vis des populations, mais de plus un facteur considérable pour faire baisser les coûts. Le contrôle aérien sera contraint sous la pression écologique à devenir infiniment plus performant et à ne plus dépendre exclusivement des frontières tracées en d'autres temps.

Bref, tous les fondamentaux se liguent pour faire la prospérité du transport aérien. Il faudra néanmoins que les dirigeants de ce secteur d'activité retroussent eux aussi leurs manches et fassent les efforts nécessaires non pas pour se manger les uns les autres, mais pour rendre cette activité rentable et agréable pour les clients. Ils ne pourront plus continuer à accuser la terre entière des défauts qu'ils ont eux-mêmes créés. Il est temps qu'ils retrouvent l'état d'esprit qui a animé les créateurs de cette formidable activité pour la rendre mondiale et sûre, ce qu'elle est devenue.

ANNEXE 1

Information du 11 janvier 2010 sur écran Amadeus.

```
QN39
**  RULES DISPLAY  **                         XF MAY APPLY
                                              3.47XA/4.86XY EXCLUDED
                                              OTHER TAX MAY APPLY
                                              SURCHG MAY APPLY-CK RULE
15FEB10**15FEB10/AF PARNYC/NSP;AT/TPM  3635/MPM  4362
LN FARE BASIS    OW    EUR  RT    B PEN  DATES/DAYS    AP MIN MAX R
39 HL2AFFR                  710  H NRF S01JAN  31MAR+  +SU+ 12M M
FCL: HL2AFFR   TRF:   1 RULE: FR55 BK:  H
PTC: ADT-ADULT            FTC: XAP-ADVANCE PURCHASE EXCURSION
OPTION LIST
   RU.RULE APPLICATION                  MN.MIN STAY
   MX.MAX STAY                          SE.SEASONS
   TR.TVL RESTRICTION                   AP.ADVANCE RES/TKT
   FL.FLT APPLICATION                   CD.CHILD DISCOUNTS
   TC.TOUR CONDUCTOR                    AD.AGTS DISCOUNTS
   OD.OTHER DISCOUNTS                   SO.STOPOVERS
   TF.TRANSFERS/RTGS                    SU.SURCHARGES
   TE.TKT ENDORSEMENT                   PE.PENALTIES
   CO.COMBINABILITY                     HI.HIGHER INTERMEDIATE
                                        POINT
                                                 PAGE  1/ 2
>FQN39*RU
FQN39*RU
**  RULES DISPLAY  **                         XF MAY APPLY
                                              3.47XA/4.86XY EXCLUDED
                                              OTHER TAX MAY APPLY
                                              SURCHG MAY APPLY-CK RULE
15FEB10**15FEB10/AF PARNYC/NSP;AT/TPM  3635/MPM  4362
LN FARE BASIS    OW    EUR  RT    B PEN  DATES/DAYS    AP MIN MAX R
39 HL2AFFR                  710  H NRF S01JAN  31MAR+  +SU+ 12M M
FCL: HL2AFFR   TRF:   1 RULE: FR55 BK:  H
PTC: ADT-ADULT            FTC: XAP-ADVANCE PURCHASE EXCURSION
RU.RULE APPLICATION
AIR FRANCE - TEMPO FARES FROM FRANCE TO THE UNITED STATES
 APPLICATION
   AREA
     THESE FARES APPLY
     FROM FRANCE TO THE UNITED STATES.
   CLASS OF SERVICE
     THESE FARES APPLY FOR ECONOMY CLASS SERVICE.
   TYPES OF TRANSPORTATION
     FARES GOVERNED BY THIS RULE CAN BE USED TO CREATE
     ROUND-TRIP/CIRCLE-TRIP/OPEN-JAW JOURNEYS.
                                                 PAGE  1/ 2
>MD
 CAPACITY LIMITATIONS
   THE CARRIER SHALL LIMIT THE NUMBER OF PASSENGERS CARRIED
   ON ANY ONE FLIGHT AT FARES GOVERNED BY THIS RULE AND SUCH
   FARES WILL NOT NECESSARILY BE AVAILABLE ON ALL FLIGHTS.
   THE NUMBER OF SEATS WHICH THE CARRIER SHALL MAKE
   AVAILABLE ON A GIVEN FLIGHT WILL BE DETERMINED BY THE
   CARRIERS BEST JUDGMENT
 OTHER CONDITIONS
   THE FARE THAT APPLIES ON THE DATE OF PURCHASE
   IS ONLY VALID FOR THE ENTIRE ITINERARY AND THE
   SPECIFIC TRAVEL DATES MENTIONED ON THE TICKET.
   ANY MODIFICATION MAY REQUIRE THE PAYMENT OF AN
   ADDITIONAL AMOUNT.
   FULL AND SEQUENTIAL USE OF FLIGHT COUPONS-
   THE TICKET/ OR ELECTRONIC TICKET / IS NOT VALID IF
    THE FIRST COUPON HAS NOT BEEN USED AND WILL NOT
   BE HONORED IF ALL THE COUPONS ARE NOT USED IN THE
   SEQUENCE PROVIDED IN THE TICKET / OR ELECTRONIC
   TICKET / .
                                                 PAGE  2/ 2
```

Annexe 2

Affichage des tarifs Air France sur Paris-New York pris sur Amadeus le 11 janvier 2010 pour un vol partant le 15 février.

```
15FEB10**15FEB10/AF PARNYC/NSP;AT/TPM  3635/MPM  4362
*AIR FRANCE*MISCELLANEOUS INFORMATION SEE INFO NOTE AF/0001
LN FARE BASIS     OW    EUR   RT    B PEN  DATES/DAYS    AP MIN MAX R
01 POW            7597              P  -     -       -   + -   -   - M
02 POW1           7597              P  -     -       -   + -   -   - M
                                                         PAGE  1/ 7

15FEB10**15FEB10/AF PARNYC/NSP;AT/TPM  3635/MPM  4362
LN FARE BASIS     OW    EUR   RT    B PEN  DATES/DAYS    AP MIN MAX R
03 PRT                       10128  P  -     -       -   + -   -   - M
04 PRT1                      10128  P  -     -       -   + -   -   - M
05 JOW            4875              J  -     -       -   + -   -   - M
06 JOW1           4875              J  -     -       -   + -   -   - M
07 COW            4069              C  -     -       -   + -   -   - M
08 COW1           4069              C  -     -       -   + -   -   - M
09 JRT                        6499  J  -     -       -   + -   -   - M
10 JRT1                       6499  J  -     -       -   + -   -   - M
11 CRT                        5424  C  -     -       -   + -   -   - M
12 CRT1                       5424  C  -     -       -   + -   -   - M
13 YOW            2582              Y  -     -       -   + -   -   - M
14 YOW1           2582              Y  -     -       -   + -   -   - M
15 WOW            2476              W  -     -       -   + -   -   - M
16 CWEEK                      4719  C NRF    -       -   + -   -   - M
17 YOW2           2025              Y  -     -       -   + -   -   - M
18 DWEEK                      3580  D NRF    -       -   + 7   -   - M
19 YRT                        3441  Y  -     -       -   + -   -   - M
20 YRT1                       3441  Y  -     -       -   + -   -   - M
21 WRT                        3300  W  -     -       -   + -   -   - M
>                                                        PAGE  2/ 7

15FEB10**15FEB10/AF PARNYC/NSP;AT/TPM  3635/MPM  4362
LN FARE BASIS     OW    EUR   RT    B PEN  DATES/DAYS    AP MIN MAX R
22 IWEEK                      2712  I NRF    -       -   + 7  2+   - M
23 YRT2                       2700  Y  -     -       -   + -   -   - M
24 SRT                        2330  S  -     -       -   + -   -  12M M
25 BEEFR                      2266  B  -     -       -   + -   -   6M M
26 BEEFR1                     2266  B  -     -       -   + -  2+   - M
27 BEEFR2                     2266  B  -     -       -   + -  1+   - M
28 SWEEK                      2214  S NRF    -       -   + 7   -   - M
29 ZLOISIR                    2202  Z NRF    -       -   +28 SU+  45 M
30 KTO                        1608  K NRF    -       -   + - SU+  3M M
31 BWEEK                      1593  B NRF    -       -   + 4  1+   - M
32 AWEEK                      1421  A NRF    -       -   +14   -   - M
33 KWEEK                      1224  K NRF    -       -   + 7  2+   - M
34 KL1AFFR                    1066  K NRF S01JAN  31MAR+ - SU+ 12M M
35 KLPXT1                     1026  K NRF S01JAN  31MAR+ - SU+  3M M
36 HWEEK                       997  H NRF    -       -   +10  3+   - M
37 HL2AP7                      781  H NRF S01JAN  31MAR+ 7 SU+  2M M
38 ALLOISIR                    770  A NRF S01JAN  31MAR+42 SU+  45 M
39 HL2AFFR                     710  H NRF S01JAN  31MAR+  +SU+ 12M M
40 TLZZ                        558  T NRF S01JAN  31MAR+  + 7+ 12M M

15FEB10**15FEB10/AF PARNYC/NSP;AT/TPM  3635/MPM  4362
LN FARE BASIS     OW    EUR   RT    B PEN  DATES/DAYS    AP MIN MAX R
41 TL3AP14                     558  T NRF S01JAN  31MAR+  +SU+  45 M
42 TL3AFFR                     510  T NRF S01JAN  31MAR+  +SU+  6M M
43 TLZZ                        510  T NRF S01JAN  31MAR+  + 7+ 12M M
44 VLZZ                        469  V NRF S01JAN  31MAR+  + 7+ 12M M
45 VL4AP21                     469  V NRF S01JAN  31MAR+  +SU+  1M M
46 VL4BAP7                     469  V NRF S01JAN  31MAR+  + 7+  30 M
47 VL4AFFR                     410  V NRF S01JAN  31MAR+  +SU+  3M M
48 VL4BAFFR                    410  V NRF S01JAN  31MAR+  +10+  3M M
49 VLZZ                        410  V NRF S01JAN  31MAR+  + 7+ 12M M
50 LLZZ                        380  L NRF S01JAN  31MAR+  + 7+ 12M M
51 LL5BAP7                     380  L NRF S01JAN  31MAR+  + 7+  30 M
52 LL5AP30                     380  L NRF S01JAN  31MAR+  +SU+  1M M
53 LL5AFFR                     330  L NRF S01JAN  31MAR+  +SU+  2M M
54 LL5BAFFR                    330  L NRF S01JAN  31MAR+  +10+  2M M
55 LLZZ                        330  L NRF S01JAN  31MAR+  + 7+ 12M M
56 QL6AFFR                     280  Q NRF S01JAN  31MAR+  +SU+  2M M
57 QLZZ                        280  Q NRF S01JAN  31MAR+  + 7+ 12M M
>                                                        PAGE  4/ 7
```

Cet ouvrage a été composé
par Atlant' Communication
au Bernard (Vendée)

BRODARD & TAUPIN

La Flèche
en août 2010
pour le compte des Éditions de l'Archipel
département éditorial
de la S.A.S. Écriture-Communication

Imprimé en France
N° d'impression : 60006
Dépôt légal : septembre 2010